AF260094

INSCRIPTION PHÉNICIENNE

DE

MARSEILLE

OUVRAGES DU MÊME AUTEUR

SUR LA LANGUE ET LES INSCRIPTIONS PHÉNICIENNES

LETTRE A M. LE BARON SILVESTRE DE SACY sur l'inscription latino-punique de Leptis-Magna. Paris, 1837, in-8.

TEMPLE DE BAAL A MARSEILLE, ou inscription phénicienne découverte dans cette ville en 1845, expliquée et accompagnée d'observations critiques et historiques. Paris, 1847, grand in-8.

MÉMOIRE sur deux inscriptions puniques découvertes dans l'île du Port-Cothon à Carthage. Paris, 1848, in-folio.

MÉMOIRE sur trente-neuf nouvelles inscriptions puniques, etc. Paris, 1852, in-4.

NOUVELLE INTERPRÉTATION de l'inscription phénicienne de Marseille. Paris, 1858, in-4.

NOUVELLE INTERPRÉTATION de l'inscription phénicienne découverte par M. Mariette dans le Serapium de Memphis. Paris, 1856, in-8.

MÉMOIRE sur le sarcophage et l'inscription funéraire d'Eschmounazar, roi de Sidon. Paris, 1856, in-4.

MÉMOIRE sur le papyrus égypto-araméen appartenant au musée égyptien du Louvre, expliqué et analysé pour la première fois. Paris, 1852, in-4.

OBSERVATIONS sur les inscriptions phéniciennes du musée Napoléon III. Paris, 1863.

PARIS. — IMPRIMERIE ORIENTALE DE VICTOR GOUPY, RUE GARANCIÈRE, 5.

INSCRIPTION
PHÉNICIENNE
DE MARSEILLE

NOUVELLES OBSERVATIONS

HISTORIQUE DE LA DÉCOUVERTE ET DESCRIPTION EXACTE DE LA PIERRE

LE TOUT ACCOMPAGNÉ

DE PIÈCES JUSTIFICATIVES ET D'UNE PLANCHE LITHOGRAPHIQUE

PAR

M. L'ABBÉ J. J. L. BARGÈS

PROFESSEUR D'HÉBREU A LA SORBONNE

*Multum adhuc restat operis multumque
restabit, nec ulli nato post mille sæcula
præcludetur occasio aliquid adjiciendi.*
SENECÆ Epist. LXIV.

PARIS

IMPRIMERIE ORIENTALE DE VICTOR GOUPY

RUE GARANCIÈRE, 5.

1868

NOUVELLES OBSERVATIONS

SUR

L'INSCRIPTION PHÉNICIENNE

DE MARSEILLE

L'inscription phénicienne de Marseille est, sans contredit, le monument le plus considérable et le plus important que possède cette littérature; elle se distingue de toutes les autres par son étendue, la pureté de ses caractères et par son contenu, qui nous révèle une partie des institutions religieuses des Phéniciens, et reproduit une page de leur rituel si peu connu. Aussi, la nouvelle de cette découverte, faite en 1845, excita-t-elle au plus haut degré l'intérêt du monde savant, et les orientalistes les plus distingués de l'Europe s'empressèrent-ils d'apporter le tribut de leurs lumières et de leurs efforts à l'interprétation de ce texte précieux. Quoique partagés sur le sens de plusieurs mots et de quelques passages, ils ont tous reconnu qu'il contenait un règlement relatif aux taxes que l'on devait payer aux prêtres de Baal pour les divers sacrifices offerts à ce dieu.

1

Le dessein que je me propose dans le présent travail, n'est pas d[e]
revenir sur ces mots, ni sur ces passages, dont je crois avoir suffisam[-]
ment établi la signification dans mon second Mémoire, publié en 1858[.]
je veux seulement soumettre à un nouvel examen la première ligne d[e]
l'inscription, ligne qui a été fort maltraitée par la brisure de la pier[re]
en cet endroit, et que personne, jusqu'ici, n'a tenté de rétablir.

J'ai essayé moi-même, il est vrai, dans mes deux précédents M[é-]
moires, de la lire et de l'expliquer; mais je l'ai fait, je l'avoue, av[ec]
beaucoup d'hésitation et sans avoir la certitude d'avoir rencontré [la]
vérité : c'est ce qui m'a engagé à soumettre cette partie de l'épigrap[he]
à un examen plus attentif, plus approfondi, et à publier aujourd'h[ui]
le fruit de mes nouvelles recherches, de mes nouvelles observation[s.]

Cette étude, qui a été entreprise en vue du progrès de la scienc[e]
se recommande par l'importance du monument qu'elle a pour obj[et]
et par l'intérêt qui se rattache à tout ce qui tient à l'histoire et à la l[it-]
térature des Phéniciens : elle sera, je l'espère, accueillie du monde s[a-]
vant avec la même faveur que mes travaux antérieurs sur le même suj[et.]
Elle sera précédée d'un exposé historique de la découverte de l'in[s-]
cription, exposé destiné à jeter plus de jour sur un fait qui intéress[e]
un si haut degré l'archéologie, à corriger quelques erreurs avancé[es]
par ceux qui ont parlé de cette découverte, et à faciliter les investig[a-]
tions des antiquaires désireux de retrouver le fragment qui manqu[e à]
la pierre. Les liens qui rattachent ma naissance à la ville pour laqu[elle]
le vénérable monument fut tracé primitivement, les relations de pare[nté]
et d'amitié que je suis heureux d'y entretenir, mes recherches perso[n-]
nelles, enfin les renseignements que j'ai pu prendre moi-même s[ur]
l'histoire de la découverte, toutes ces circonstances m'ont permis [de]
recueillir sur ce point des détails curieux et intéressants, qui so[nt]
pour la plupart, ignorés du public savant, et qui tomberaient iné[vi-]
tablement dans l'oubli, si personne ne prenait la peine de les con[si-]
gner par écrit. Ils trouvent ici naturellement leur place, et j'en pro[fite]
pour remplir ce que je crois être pour moi un devoir et une ob[li-]
gation.

Après avoir mis le lecteur au courant de tout ce qui a rapport à l'histoire de cette découverte, après avoir fait connaître la forme, les dimensions et l'aspect que présente le monument dans son état actuel, décrit minutieusement les lettres tronquées ou vestiges de lettres qui se voient sur les bords de la pierre dans les deux fragments dont elle se compose, essayé enfin de restituer les caractères et les mots que la brisure de la pierre a mutilés ou fait disparaître à la première ligne, je terminerai mon travail par la publication d'un certain nombre de pièces destinées à lui servir de justification, et par une planche lithographique reproduisant fidèlement les deux premières lignes de l'inscription et l'état de la pierre, dans les parties mutilées, soit au début, soit à l'extrémité des autres lignes.

Je commence par l'historique de la découverte de l'inscription.

I

Les inventions les plus utiles, les plus importantes, je dirai même les plus célèbres dans le monde, ne sont pas toujours le fruit du génie ni le résultat des patientes investigations de l'esprit humain ; elles sont dues, la plupart du temps, à un pur hasard, à la rencontre fortuite de circonstances obscures, vulgaires, imprévues, mais qui, bien observées, donnent naissance à une idée nouvelle et mettent l'homme doué d'intelligence sur la voie de la découverte, du progrès et de la création : telle a été, au berceau du monde, l'invention des métaux ; telle l'invention de la pourpre et du verre chez les Phéniciens. On en peut dire autant de la découverte des objets antiques ensevelis dans la terre ou cachés dans les ruines des monuments anciens. Si quelques-uns sont mis au jour par suite des fouilles votées par les gouvernements ou commandées par les particuliers, combien d'autres sont trouvés chaque jour par un pur effet du hasard et par des ignorants qui les dédaignent ou les détruisent, s'ils n'ont pas une valeur commerciale ! C'est, sans doute, à cette dernière considération et à l'espoir de tirer quelque profit de la trouvaille, qu'est due la conservation de la célèbre inscription qui fait l'objet de ce travail.

Dans le courant du mois de mars de l'année 1845, un modeste employé à l'école gratuite de dessin de Marseille, ayant appris, on ne sait comment, qu'une pierre antique et couverte de caractères inconnus se trouvait déposée dans une maison de la rue Négrel, chez un maçon du nom d'Allègre, fit part de cette nouvelle à l'un de ses amis, M. Clément, homme tout dévoué au service de la science, et très-connu, à Marseille, de tous ceux qui, à cette époque, ont fait des cours communaux dans la grande salle de la rue d'Aubagne (1). Celui-ci n'eut rien de plus pressé que de se rendre avec son collègue chez le possesseur de la trouvaille, qui la lui montra comme un objet curieux et digne de figurer dans le musée de la ville. Il lui dit que les deux fragments de pierre qu'il avait sous les yeux, avaient été découverts par lui et par son patron, M. Saurin, entrepreneur de bâtiments, pendant qu'ils travaillaient tous les deux à consolider les fondations d'une vieille maison, sise à côté de l'ancien cimetière de la Major, et tout près

(1) Cet honnête Marseillais fut chargé par l'administration municipale de surveiller les ouvriers pendant les travaux du bassin de carénage, afin d'empêcher la destruction ou l'enlèvement des objets antiques que l'on espérait trouver en fouillant le sol. Il en a été, en effet, découvert une quantité considérable; la plus grande partie orne aujourd'hui le musée de la ville, mais beaucoup se trouvent entre les mains des particuliers.

du grand séminaire (1). Ils se trouvaient enterrés, dans l'intérieur de la maison, au pied de la muraille qui fait face à la mer, c'est-à-dire au couchant, et à deux ou trois pieds au-dessous du niveau du sol. En creusant la terre, nos deux maçons avaient remarqué aussi d'autres fragments de marbre et de pierre sculptée, mais ils avaient enfoui de nouveau le tout au pied de la muraille en question, ne voyant rien dans ces débris qui fût digne d'être conservé. L'amateur marseillais, qui ne savait guère qu'un peu de latin, questionné par le sieur Allègre sur la nature des caractères qui étaient tracés sur les deux fragments, répondit, non sans quelque embarras, qu'ils étaient probablement phocéens ou grecs, mais d'une forme si archaïque, qu'il lui était impossible d'en déchiffrer aucun. Il se retira un peu confus de cet aveu qui trahissait son ignorance, mais convaincu de l'importance de la découverte elle-même, il se fit un devoir de la signaler aux conservateurs du musée de la ville. La nouvelle fut accueillie avec beaucoup d'intérêt, mais sans enthousiasme. L'on promit de la vérifier, d'aller reconnaître les deux fragments, d'entreprendre des démarches pour en faire l'acquisition au nom de la ville; mais, soit préoccupations, soit manque de temps, soit pour toute autre raison à nous inconnue, rien de tout cela ne fut tenté ni réalisé, et le silence s'établit autour de la précieuse trouvaille. En attendant, le propriétaire, ne sachant que faire de ses deux fragments de pierre, les fit transporter dans un magasin qu'il possédait dans les vieux quartiers de la ville, rue Duprat, n° 7, où ils furent relégués parmi les outils de sa profession, les auges, les truelles, les échelles et les ais, la chaux et le ciment.

Heureusement pour l'honneur marseillais, et dans l'intérêt de la science, vivait à Auriol (arrondissement de Marseille) un amateur distingué, un vrai type d'antiquaire, et tel que Walter Scott nous le

____

(1) Cette maison, qui appartenait, à l'époque de la découverte, à un certain M. Gazel, est, je crois, la même que celle qui se trouve occupée aujourd'hui par les bureaux du Directeur général des travaux de la nouvelle cathédrale.

dépeint, qui, malgré la médiocrité de sa fortune et les travaux multi-
ples de sa profession (1), était parvenu à se former un cabinet d'antiques qui faisait l'admiration des visiteurs français et étrangers.

Cet homme qui était toujours à l'affût des nouvelles qui pouvaient
intéresser son goût pour les monuments anciens, ayant été informé
de la découverte faite dans l'enceinte de la cité phocéenne, se transporta
à Marseille le 14 avril suivant, dans le but de voir de ses propres yeux
le nouveau trésor signalé à son attention et d'en faire même l'acquisition, si l'état de ses finances le lui permettait. Etant donc arrivé dans
cette ville, où il était connu de tous les brocanteurs et de tous les
marchands de curiosités des vieux quartiers, il se rendit, en compagnie
de l'employé à l'école gratuite de peinture et de dessin, auprès de
M. Feautrier, ancien conservateur du cabinet des médailles et alors
archiviste de la mairie. De là ils se dirigèrent tous les trois vers la
maison du sieur Allègre, où les fragments de la pierre avaient été
provisoirement déposés. L'on ne fut pas longtemps sans reconnaître
que l'on avait affaire non à un monument grec, mais à une inscription
phénicienne de la plus haute antiquité.

M. P. J. Bosq brûlait du désir de faire l'acquisition de la pierre
pour son propre compte et pour son cabinet particulier, mais jugeant
d'après ce qu'il nous apprend lui-même, que la place naturelle de ce
monument était au musée de la ville, où la découverte venait d'avoir
lieu, ou plutôt, pour dire ce que je crois être la franche vérité, crai-
gnant que les prétentions du propriétaire qu'il pensait devoir être

---

(1) M. P. J. Bosq professait non pas un état seul, mais plusieurs : il était à la fois méca-
nicien, constructeur, tourneur, horloger, ébéniste, serrurier, luthier et bijoutier. Il fit
plusieurs fois le voyage de Marseille pour obtenir des renseignements sur le lieu précis de
la découverte et sur toutes les circonstances qui s'y rattachent. Il m'a souvent parlé de ce
qu'il avait appris à ce sujet, et, en 1852, il me communiqua une note manuscrite qu'il
avait lue au Congrès scientifique tenu à Aix à cette époque, note d'où j'ai tiré la plupart
des renseignements que je consigne dans ce travail. Elle a été publiée dans une brochure
intitulée : *Assises du sud-est de la France* (Marseille, 1854, p. 76 et suiv.), ainsi que dans
le *Répertoire des travaux de la Société de statistique de Marseille* (tom. XVII, p. 242 et
suiv.). L'on en trouvera des extraits parmi les pièces justificatives qui accompagnent ce
Mémoire.

exagérées, ne fussent pas en rapport avec la somme dont il pouvait
disposer en ce moment, ne songea plus à l'emporter à Auriol : il dé-
clara à M. l'archiviste qu'en faveur de la ville de Marseille il renonçait
à s'approprier le monument et que, par conséquent, il l'invitait à
écrire à M. le maire afin de lui proposer d'en faire l'acquisition pour
le musée de la ville. Ceci se passait, comme il vient d'être dit, le
14 avril.

Les visiteurs s'étant retirés, il s'écoula deux mois sans que l'on enten-
dit parler de la découverte, qui était destinée à faire plus tard tant de
bruit. Dans l'intervalle, les deux fragments, transportés, comme il a été
dit plus haut, dans le magasin de la rue Duprat, y reposaient tranquille-
ment, lorsqu'enfin, le 12 juin suivant, M. Feautrier se décida à écrire à
M. le maire de Marseille pour lui signaler la découverte du monument
et lui proposer officiellement d'en faire l'acquisition pour le musée de
la ville. A cette occasion, il s'établit entre celui-ci, l'archiviste de la
mairie et M. Aubert, Directeur du musée, une correspondance très-
curieuse et très-instructive pour l'histoire de la découverte, correspondance dont M. Feautrier lui-même a bien voulu me permettre de
prendre une copie dans les archives de la ville et que j'ai cru devoir
reproduire parmi les pièces justificatives à la suite du présent Mémoire (1). Il résulte de cette correspondance, laquelle se compose de
quatre lettres, les faits suivants : 1° M. Feautrier expose à M. le maire
de Marseille, qu'il venait de découvrir, dans un magasin de la rue Duprat, une pierre antique, contenant une inscription phénicienne et dé-
terrée dans l'ancien cimetière de la Major, pierre dont il lui proposait
l'acquisition au prix de dix francs ; 2° M. le maire, ayant approuvé la-
dite proposition, ordonna que la pierre serait placée au musée de la
ville ; 3° enfin, après quelques difficultés survenues entre les posses-
seurs de la pierre et l'archiviste de la ville touchant la valeur de la
trouvaille, les deux fragments de la pierre furent acquis au prix mo-

____

(1) Cette correspondance a été publiée dans les deux ouvrages que j'ai indiqués dans la
note précédente.

dique de vingt francs et déposés au musée de la ville, le 25 juin 1845
par les soins et bons offices de M. le maire.

L'inscription phénicienne se trouvant ainsi exposée dans un établissement public, le bruit de sa découverte ne tarda pas de parvenir jusqu'à la capitale, où plusieurs savants s'occupaient alors avec beaucou-
de zèle et de succès d'archéologie et d'épigraphie orientale. Les explo-
rations faites en Algérie, les fouilles opérées dans les ruines de la fa-
meuse Carthage et dans le reste de l'Afrique, avaient amené des découvertes précieuses pour l'histoire et la littérature du peup-
phénicien ; l'on se montrait partout avide de nouvelles découverte-
de nouveaux éléments d'étude. Celle de Marseille devait exciter au plu-
haut degré la curiosité et l'attention des archéologues.

C'est M. Charles Texier, membre correspondant de l'Institut, qui-
l'honneur et le mérite d'avoir signalé le premier au gouvernement fra-
çais et aux savants de Paris l'existence de ce précieux monument. E
effet, dans le courant de septembre de la même année, cet illustre voy-
geur, qui passait par Marseille afin de se rendre en Algérie en quali-
d'Inspecteur général des bâtiments civils de cette contrée, profitant-
quelques heures de loisir qui lui étaient laissées par le départ retar-
du navire sur lequel il devait s'embarquer, pour visiter le musée de-
ville, reconnut sur-le-champ l'importance et la valeur historique-
la pierre phénicienne qui avait été reléguée dans un coin; il recomman-
avec instance à M. le Directeur de la mettre à l'abri de tout accide-
et il en prit deux calques, dont l'un fut envoyé à M. l'Intendant de-
liste civile et à M. le Ministre de l'instruction publique avec une let-
par laquelle M. Texier exprimait le vœu que cette inscription fût tra-
portée dans le musée du Louvre, pour qu'elle fût plus à portée d'ê-
étudiée par les savants ; l'autre fut porté avec lui à Alger, où il dev-
l'objet d'un travail de la part d'un interprète près le parquet de la co-
royale de cette ville, travail aussi malheureux que téméraire, qui trom-
l'espoir et la bonne foi du savant voyageur qui l'avait demandé (1).

(1) Cet essai d'interprétation, imprimé aux frais de M. Charles Texier, parut, à Alger

Peu de temps après son arrivée à Alger, M. Ch. Texier reçut de
M. le Ministre de l'instruction publique et de M. l'Intendant général
de la liste civile une réponse à la lettre qu'il leur avait adressée. Ces
deux hauts personnages lui faisaient savoir que, conformément au désir qu'il avait exprimé, ils avaient demandé au maire de Marseille la
pierre phénicienne déposée au musée de la ville. Cette réponse ayant
été communiquée au maire de Marseille, celui-ci écrivit à M. l'Inspecteur général des bâtiments civils en Algérie, qu'il n'avait reçu aucune
proposition du gouvernement français au sujet de la pierre en question, qu'il existait probablement un malentendu entre lui et M. l'Intendant de la liste civile; que, du reste, ce monument étant devenu
la propriété de la ville, le Conseil municipal avait seul le droit d'en
disposer. En effet, ce Conseil, dont l'attention avait été attirée sur
l'importance de l'inscription, refusa de l'envoyer à Paris (1), et la dé-
marche de M. Ch. Texier n'eut pas le résultat qu'il en attendait. Cette
circonstance détermina M. F. de Saulcy, aujourd'hui sénateur, qui jouis-
sait déjà, à cette époque, de la réputation d'un orientaliste très-habile dans
le déchiffrement des épigraphes puniques et phéniciennes, à demander à
Marseille deux moules en plâtre de la pierre, l'un pour l'Institut, dont
il était membre, et l'autre pour lui-même. Ce fut M. Feautrier, archiviste de la ville, qui, comme je l'ai appris de sa propre bouche, se
chargea de l'opération des empreintes et du soin de les faire parvenir
à leur destination. A partir de cette époque et surtout après la publication du travail de M. Nicoly Limbéry, qui, à défaut de tout autre

commencement de l'année 1846, sous le titre prétentieux de *Traité de Marseille, inscription
phénico-punique, trouvé à Marseille en 1845, contenant un traité d'alliance et de commerce
entre Marseille et Carthage, traduction en hébreu et en français, suivie de trois planches*,
par Nicoly Limbéry, de Sparte. (In-4 de 24 pages.) — Un savant orientaliste de la capitale
me dit, après avoir parcouru cette étude dont un exemplaire lui avait été adressé par
l'auteur : *Timeo Danaos et dona ferentes !*

(1) Malgré les recherches qui ont été faites dans les archives de la ville de Marseille, il
a été impossible de retrouver la correspondance qui s'établit pour cette affaire entre le
maire et l'intendant de la liste civile. Voyez, à ce sujet, la lettre de M. l'abbé Albanès parmi
les pièces justificatives, nos XI et XII.

mérite, avait, du moins, celui d'avoir signalé au monde savant la
découverte du monument phénicien, d'autres moules en plâtre,
d'autres calques, d'autres empreintes et estampages de la pierre
furent exécutés par l'un des conservateurs du musée, M. Dassy,
professeur de peinture et de dessin, et donnés par lui à diverses personnes; quelques-uns de ces estampages furent envoyés à des savants
étrangers qui en avaient fait la demande par l'intermédiaire de leur
gouvernement, ou en s'adressant au consul de leur nation, résidant à
Marseille (1).

Des deux plâtres expédiés à Paris, l'un servit de base et de texte au
premier essai de déchiffrement qui ait été tenté en Europe, celui de
M. F. de Saulcy, qui parut dans la *Revue des Deux Mondes* (15 décembre 1846), comprenant seulement les neuf premières lignes de l'inscription et la quinzième (2); l'autre, qui est conservé maintenant à la
Bibliothèque impériale, resta longtemps entre les mains du célèbr
M. Étienne Quatremère, chez qui j'eus plusieurs fois l'occasion de le voir
et de l'examiner. Ce savant académicien, qui s'était promis de donner
au public une explication du monument récemment découvert, et à qui
ses travaux précédents sur l'épigraphie phénicienne semblaient donner
le droit et réserver l'honneur de dire le premier son mot sur l'inscriptio

(1) En 1846, un peu plus d'un an après la découverte, me trouvant à Marseille pendant
les vacances, j'obtins moi-même de l'extrême complaisance de M. Dassy, deux estampages
qui m'ont servi pour la rédaction de mon premier Mémoire. Plus tard, en 1860, M. Dassy
me donna deux nouvelles empreintes que je garde précieusement et dont je reproduis
certaines parties à la fin de ce travail. La copie que j'ai donnée à la fin de mon premier
Mémoire est une simple imitation de l'inscription, ne représentant que d'une manière
fort imparfaite, je l'avoue, le fini et l'élégance des caractères de l'original.

(2) Le complément de cette étude vit le jour un an seulement après dans les *Mémoires*
de l'Académie des inscriptions et belles-lettres (tom. XVII, pag. 340—347). Dans l'intervalle, cette publication avait été précédée du travail de M. le docteur Judas dans son
Étude démonstrative de la langue phénicienne (Paris, 1847, pag. 163—175) et de mon
premier Mémoire intitulé : *Temple de Baal ou grande inscription phénicienne*, etc. (Paris,
1847). Je passe sous silence les autres travaux et mémoires qui ont été publiés après ces
premiers essais, car la liste en serait longue et elle n'entre pas, d'ailleurs, dans le plan
cette Notice. Ceux qui désireraient avoir plus de détails sur ce point, peuvent consulter
mon dernier Mémoire sur l'inscription de Marseille.

de Marseille, entreprit, en effet, l'étude de ce monument. Afin de
mieux distinguer et de reconnaître plus facilement les caractères dont
les contours et les traits étaient à peine visibles sur l'empreinte en
plâtre qu'il avait à sa disposition, surtout pour ses yeux affaiblis
par l'âge et plus encore par la lecture assidue des manuscrits orien-
taux, il avait marqué de rouge toutes les lettres empreintes sur le
moule; mais il ne put jamais venir à bout de déchiffrer le sens général
du texte lapidaire; après bien des efforts inutiles, il demeura convaincu,
comme il me l'a avoué plusieurs fois, qu'il manquait une ou deux
lignes au commencement de l'inscription, et que le texte devait
contenir une épitaphe avec un certain nombre de noms propres
précédés ou suivis de quelques formules plus ou moins souvent ré-
pétées, plus ou moins emphatiques, destinées à dérouter la sagacité
des plus habiles interprètes, et, comme, dans l'intervalle, il parut plusieurs essais de traduction soit en France, soit en Allemagne, il crut
devoir renoncer à son premier dessein, laissant à d'autres, plus jeunes
ou plus téméraires, l'honneur périlleux de tenter l'explication de ce gri-
moire et de ces énigmes. C'est ainsi, malheureusement, que dans cette
occasion et sur ce point la science épigraphique est restée privée des
élucubrations du plus savant orientaliste des temps modernes, et que
le glorieux rival des Barthélemy et des Gesenius est descendu dans la
tombe sans mettre la dernière main à une entreprise qui réclamait le
secours de son immense érudition, et sans consigner par écrit les indications et les aperçus que la réflexion et l'examen du monument
ont dû offrir à son esprit et qui auraient pu nous aider à saisir le
sens de certains mots, de certains passages dont l'explication attend
encore un nouvel Œdipe.

Depuis que l'inscription phénicienne est déposée au musée de
Marseille, il s'est passé peu d'années que je n'aie eu l'occasion, pendant mes vacances, de la voir et de l'examiner. Les deux fragments
de la pierre y sont restés longtemps étalés sur une table, placés l'un à
côté de l'autre, c'est-à-dire juxtaposés, de telle façon que les lignes s'y
correspondaient et que l'on pouvait reconnaître facilement les lacunes

et les mutilations qui existent sur les bords intérieurs de la pierre
dans les deux fragments, et juger des portions du monument qui
avaient pu disparaître ou être brisées sur les côtés intérieurs et dans
toute l'étendue de son pourtour.

Vers l'année 1852, il fut encastré, par les soins du directeur du
musée et d'après les ordres de l'administration municipale, dans un
cadre en belle pierre de Cassis, et installé au fond de la première salle
des Antiques, en entrant à droite; c'est dans cette place d'honneur
qu'il se trouve encore aujourd'hui.

Après avoir exposé tous les faits qui se rattachent à l'histoire de la
découverte du monument phénicien de Marseille, tous ceux, du moins,
que j'ai pu recueillir moi-même ou qui sont parvenus à ma connaissance, il me semble à propos de décrire succinctement la forme de la
pierre, de dire un mot de son aspect extérieur et de sa nature sous le
rapport minéralogique.

Quant à la forme, je ne puis guère ici que répéter ce qui a été dit par
tous les auteurs qui se sont occupés avant moi du déchiffrement de
l'inscription; seulement, il est bon que l'on sache que j'ai vu et examiné
moi-même la pierre à différentes reprises, et que, par conséquent, les
détails qui vont suivre, bien que conformes à ceux qui ont été déjà
fournis par mes devanciers et qui tous, sans exception, avaient été
puisés dans l'ouvrage de M. Nicoly Limbéry, n'en sont pas moins le
fruit de mes propres observations que je puis affirmer être d'une
exactitude irréprochable.

La pierre se compose, comme on sait, de deux fragments, qui
étant juxtaposés, s'adaptent parfaitement ensemble. L'un, le plus considérable, forme un rectangle de 0^m,35 de longueur sur 0^m,30 de
large, et 0^m,08 d'épaisseur; l'autre, un triangle de 0^m,25 à sa base
sur une hauteur de 0^m,25. L'inscription est entourée, sur les trois
côtés qui ne sont point rompus, d'une bande de 0^m,10 de large, laquelle portait une moulure en forme de talon, qui a été abattue lorsque
à une époque inconnue, cette pierre fut employée dans les fondations
de la maison où elle a été trouvée. Dans sa totalité, la pierre affecte

aujourd'hui la forme d'un trapèze dont le grand côté a $0^m,60$, et le petit côté $0^m,35$. Dans ce tableau, l'inscription, qui se compose de vingt-une lignes, occupe une hauteur de $0^m,31$.

Vers le milieu de la première ligne se voit une lacune, de forme elliptique, qui a été occasionnée par un éclat de la pierre quand on a abattu la moulure. A gauche, le bord de la pierre présente une fracture oblique qui fait regretter plusieurs lettres et même plusieurs mots. L'inscription entière était gravée sur une dalle rectangulaire.

Le peu d'épaisseur de la pierre ($0^m,08$) prouve qu'elle n'avait pas une grande dimension, et la taille brute du revers semble indiquer qu'elle avait été destinée à être enchâssée dans un mur, probablement dans le naos ou vestibule d'un temple, celui du dieu Baal, dont le nom se lit au début de la première ligne de l'inscription.

Le fragment perdu, qui formait à peu près le quart de la dalle, à gauche, doit se trouver encore au milieu des autres débris déterrés, puis enfouis de nouveau sur place par le maçon qui découvrit l'inscription, et l'on n'est pas sans espoir de le retrouver lorsqu'un jour la maison, dans les fondations de laquelle elle était enfouie, sera démolie, pour dégager les abords du nouveau temple et former autour de lui une place convenable et spacieuse (1).

Les lettres de l'inscription ont été tracées par une main sûre et habile; par leur forme, ainsi que par leur beauté, elles appartiennent à l'époque la plus florissante et la plus ancienne du peuple phénicien; elles sont plus correctes et même plus élégantes que celles qui se lisent sur le fameux sarcophage du roi Eschmounazar. Leur hauteur ordinaire et la plus commune est d'un centimètre environ; les plus courtes,

---

(1) D'après les renseignements qu'il m'a été permis de me procurer et selon toutes les apparences, cette maison existe encore ; elle est, comme je l'ai dit dans l'une des notes précédentes, la même que celle qui est occupée aujourd'hui par les bureaux de M. le Directeur général des travaux de la nouvelle cathédrale. En 1856, me trouvant à Marseille pendant mes vacances, je fis une visite à M. le Directeur, lequel, comprenant tout l'intérêt qui se rattachait à la découverte du troisième fragment de la pierre, me promit de faire faire des fouilles dans ce but, lorsque, après l'achèvement de la cathédrale, la maison en question serait démolie et rasée.

le *daleth*, le *aïn* et le *schin*, lettres qui occupent toujours le haut d[e]
l'interligne, n'ont guère que 5 millimètres de haut ; les plus longue[s]
l'*aleph*, le *teth*, le *noun* et le *thav*, mesurent environ 2 centimètre[s]
quant à la largeur des lettres, elle varie de 5 à 7 ou 8 millimètre[s]
L'intervalle qui les sépare les unes des autres n'est pas, non plu[s]
uniforme et égal partout : il est, tantôt de 3 ou 4 millimètres, tant[ôt]
de 5 ou 6 millimètres, et quelquefois, mais rarement, de $0^m,04$ cent[i]
mètre.

L'on n'y découvre nulle part de trace de ponctuation. Un éclat de
pierre a échancré légèrement le bord des lignes 9e, 10e, 11e, 12e, 13[e]
14e et 15e, et en a fait disparaître un, deux et peut-être trois cara[c]
tères, mais il est facile de les suppléer par le reste du contexte et p[ar]
le sens général de l'inscription ; cependant, il est bon de faire observ[er]
qu'au commencement de la 9e ligne, la lettre unique qui devait occup[er]
cette place, est encore visible en partie, et que l'on peut y distingu[er]
sans peine la boucle ou partie supérieure d'un *beth*. Dans ce qui res[te]
de la dernière ligne, c'est-à-dire la 21e, quelques caractères se trouve[nt]
également maltraités par le temps ; c'est ainsi qu'au milieu de cet[te]
ligne, après le mot ירחן, se lit la particule את, dans laquelle le *thav*
perdu la moitié de sa haste inférieure ; puis se présente distincteme[nt]
la partie supérieure d'un *caph ;* après cela, vient une lacune pouva[nt]
donner place à une lettre ; ensuite paraît le trait supérieur d'un *lame*[d]
ou d'un *thav*, suivi d'une autre lacune qui occupe la place d'une seu[le]
lettre ; puis encore l'on distingue successivement le bout supérieur [de]
la haste d'un nouveau *thav*, la partie supérieure d'un *hé*, les trois le[t]
tres משאת, finalement un *aleph* entier, accompagné d'un *schin* parfa[i]
tement reconnaissable.

Je terminerais ici volontiers cette description détaillée et fastidieu[se]
de la forme et de l'aspect que présente la pierre, soit dans son enser[n]
ble, soit dans chacune de ses parties, si les *fac-simile* et les copies q[ui]
en ont été publiées reproduisaient fidèlement le modèle et l'origina[l ;]
malheureusement, il n'en est pas ainsi, car les lithographies qui passe[nt]
pour être les plus soignées et les plus exactes laissent, sous ce ra[pport]

port, toutes, sans exception, beaucoup à désirer. Comme elles sont
particulièrement incomplètes et défectueuses pour les parties du texte
qui touchent aux bords de la pierre, à gauche, dans les deux fragments, je crois faire une chose à la fois utile et agréable aux savants
en revenant ici sur mes pas pour leur esquisser l'état exact et réel de
l'inscription dans les endroits dont il s'agit, et les mettre ainsi à même
de juger, avec connaissance de cause, de la valeur des conjectures, plus
ou moins probables, émises jusqu'ici par les interprètes au sujet des
lettres ou des mots qui ont laissé des traces de leur présence au bout
de ces lignes. Laissant donc de côté les deux premières, que je me réserve de décrire plus loin dans la seconde partie de ce travail, je passe
immédiatement à l'examen de la troisième et des suivantes, jusqu'à la
vingtième inclusivement.

Cette troisième ligne se termine par un caractère dont les traits se
présentent un peu oblitérés, mais assez distincts pour ne pas permettre
d'y voir autre chose qu'un *schin*, vraisemblablement première radicale
du mot שאר, *chair*, qui se lit en entier à la fin de la ligne suivante et
passim dans le reste de l'inscription.

A la cinquième ligne, le dernier mot est accompagné d'un trait perpendiculaire isolé, puis d'un autre dont il ne paraît que le bout supérieur. On a conjecturé, non sans beaucoup de vraisemblance, que ces
deux traits devaient représenter des chiffres, comme aux lignes 7ᵉ et
11ᵉ, où ces mêmes signes sont figurés.

La sixième ligne finit par un petit trait vertical qui était, selon toutes
les apparences, le premier jambage d'un *mem*. Cette lettre devait être
accompagnée d'un autre *mem* et former, avec les lettres והפע qui précèdent, le mot entier והפעמם, *Et les pieds*, qui se lit ailleurs et
passim dans l'inscription.

A la fin de la dixième ligne, on lit distinctement et sans difficulté
לבעל, *au maître*, mais les lettres de ce mot ont un peu souffert, car la
queue du *beth* a été enlevée en partie par le bris de la pierre ; d'un autre
côté, il ne reste du *aïn* que la partie supérieure, qui se présente sous
la forme de deux demi-cercles tronqués, et il ne paraît du *lamedh* que

l'extrémité supérieure de sa tige inclinée à droite et ornée, comme toujours, d'un petit crochet.

La 11ᵉ ligne se termine par un *schin*, dont la forme est entière, et par un *lamedh*, dont il ne reste que la haste supérieure ; mais cette dernière lettre est parfaitement reconnaissable à la direction de sa haste, qui penche vers la droite, et au petit crochet dont elle est munie à son extrémité supérieure. Je crois que c'est avec raison que l'on a vu, dans ce groupe, le mot הַשְׁלֹם, *l'offrande*, qui se retrouve, du reste, dans plusieurs endroits de l'inscription.

La dernière lettre de la 12ᵉ ligne est loin d'être intacte et entière, il serait néanmoins difficile de ne pas y reconnaître un *vav* : le trait arrondi et en forme de croissant qui en constitue la partie encore visible et existante, ne saurait guère convenir qu'à cette lettre. Là devait commencer indubitablement une autre période ou membre de phrase, avec la conjonction *ve* qui veut dire *et*.

La 13ᵉ ligne finit par un petit trait tourné à gauche ; je ne saurais déterminer, au juste, de quelle lettre pouvait faire partie ce débris de caractère. Quelques-uns y ont vu un *iodh*, conjecture qui s'appuie sur la direction à gauche que semble prendre le linéament et qui peut absolument se rapporter à la lettre en question.

La 14ᵉ ligne se termine à l'extrémité du petit fragment de la pierre, et au bout de l'angle inférieur qui est brisé à droite, en sorte qu'il existe une lacune de quelques lettres entre les deux fragments. Après cette lacune se présentent trois caractères incomplets et mutilés, mais dont la valeur ne saurait être douteuse : ce sont un *lamedh*, un *iodh* et un *caph*. Le *lamedh* se reconnaît facilement à la forme et à la direction de sa haste, qui s'élève obliquement au-dessus de la ligne ; l'*iodh* est presque tracé en entier ; il n'y manque que le petit trait isolé et oblique, qui a sa place entre les deux jambages inférieurs de cette lettre ; quant au *caph*, il se trouve privé, il est vrai, du trait allongé qui descend au-dessous de l'interligne, mais toute la partie concave supérieure est restée intacte et il serait difficile d'attribuer ces débris de linéaments à un autre caractère que celui que je crois pouvoir proposer.

A la 15ᵉ ligne, laquelle est renfermée dans le premier fragment et s'arrête forcément à l'endroit où existe la cassure, je reconnais un *mem* dans le jambage allongé et incliné légèrement vers la gauche qui se voit en cet endroit. Cette lettre complète, à coup sûr, le mot לכהן dont elle est précédée, et qui doit, par conséquent, se prononcer au pluriel לכהנם, *aux prêtres*.

Enfin la 20ᵉ ligne se termine par le mot ונענש, et *il sera puni*, dont je suis, je crois, le premier à avoir fixé la lecture et donné le seul et véritable sens. En effet, l'avant-dernier caractère, quoique un peu mutilé, est d'une valeur très-certaine : c'est un *noun*; quant au *schin*, il est suffisamment reconnaissable à deux petits linéaments placés perpendiculairement l'un à côté de l'autre au-dessus du niveau de la ligne, linéaments qui ne sont rien autres que les deux premières dents de la lettre en question.

Telles sont les particularités épigraphiques qui se remarquent aux extrémités des lignes et sur les bords de la pierre dans son état fragmentaire, particularités qu'il n'était pas sans importance de constater, soit pour l'intelligence des mots et des phrases qui ont malheureusement disparu, soit à cause du prix attaché naturellement à tout ce qui appartient à un texte aussi vénérable et aussi curieux que celui que nous avons sous les yeux. Mais avant de passer à un autre article, disons un mot de la longueur probable de ces lignes et du nombre de caractères qu'elles pouvaient contenir.

Les observations qui se rattachent à ce sujet et que nous a fournies l'examen attentif du monument, ne sont pas moins importantes, ni moins utiles pour nous donner une idée juste de la dimension primitive de la pierre et de l'étendue approximative de l'inscription. Si donc on en juge par la première ligne qui est la plus longue, quoique tronquée en partie, ainsi que par les substitutions que l'ensemble du texte et la répétition des mêmes formules autorisent d'admettre, il est permis d'affirmer, sans trop s'écarter de la vraisemblance et de la vérité, que chaque ligne devait renfermer à peu près une cinquantaine de lettres ou une vingtaine de mots environ plus ou moins longs, et que l'inscrip-

3

tion entière, si l'on tient compte des paragraphes qui se terminent au milieu des alinéas, se composait d'un millier environ de caractères, pouvant donner trois cents mots. Il est vrai que les mêmes mots s'y trouvent fréquemment répétés, et, qu'en somme, s'il était permis de relever la liste exacte de tous ceux que l'épigraphe devait contenir et qui ont disparu, il serait possible que le nombre des racines phéniciennes et des mots essentiellement différents employés dans toute l'étendue du contexte, ne dépassât pas celui de cent cinquante. Du reste, il n'est pas nécessaire de faire remarquer que tous ces mots, à l'exception d'un très-petit nombre qui semblent dériver du chaldaïque ou de l'éthiopien, appartiennent au plus pur hébreu et s'expliquent parfaitement par le dictionnaire de cette langue.

Une observation qui mérite également d'avoir ici sa place, c'est que les mots de notre inscription ne sont pas séparés entre eux, comme cela se voit dans certaines épigraphes d'une date relativement moderne, notamment dans la IX⁰ *citiensis* de Gesenius, et que, de plus, chose fort remarquable, l'on y distingue cinq paragraphes ou divisions principales, se terminant au milieu de la ligne, à l'instar des *Paraschah petouhah* des livres sacrés des Hébreux. Ces cinq paragraphes se voient aux lignes 2°, 4°, 8° et 19° de l'inscription ; il est probable qu'elle en contenait davantage, mais l'état fragmentaire de la pierre ne nous permet pas de rien assurer sur ce point.

Il me reste maintenant à traiter une question bien plus importante, à mon avis, que toutes celles qui se rattachent à la découverte du monument et à la description de sa forme et de son aspect extérieur : je veux dire la nature de la pierre qui a été choisie pour y graver le précieux texte qu'elle nous conserve ; de la solution de cette question dépend, en effet, la connaissance de la provenance du monument lui-même.

Une grave erreur s'est accréditée à ce sujet : tous ceux qui se sont occupés de notre inscription ont affirmé, après M. N. Limbéry, qui s'est fait sur ce point l'écho de M. Ch. Texier, qu'elle était gravée sur une pierre très-compacte et d'un grain très-fin, dite *pierre de Cassis*, qui se trouve dans les environs de Marseille,

assertion que j'ai répétée moi-même dans mon premier Mémoire.
L'exactitude de la chose ayant été contestée par mon compatriote,
M. P. J. Bosq, dans une note qu'il lut dans l'une des séances du Congrès scientifique tenu à Aix en 1854, et publiée (1) ensuite dans le
Répertoire des travaux de la Société de statistique de Marseille (t. XVII,
p. 338 et suiv.), ainsi que dans une brochure intitulée : *Assises
scientifiques du sud-est de la France* (p. 76 et suiv.), j'ai dû, avant
de procéder à la rédaction de ce nouveau travail, m'assurer de la véritable nature de la pierre, et, pour cela, faire appel aux hommes experts
en cette matière, c'est-à-dire aux architectes et aux géologues de profession. Seulement, avant de reproduire ici leur opinion et le résultat
de leur examen scientifique, je crois devoir ne pas passer sous silence
ce qu'il m'a été permis d'observer moi-même, depuis que la contradiction a réveillé de nouveau mon attention sur le point dont il s'agit.
Je dirai donc, en deux mots, ce qui, d'ailleurs, n'avait pas échappé à
l'observation de M. Ch. Texier et de M. N. Limbéry, que la pierre sur
laquelle l'inscription est gravée est d'un grain très-fin, d'une couleur
brune, ou plutôt bleuâtre, et qu'elle présente l'aspect d'une de nos
pierres lithographiques ordinaires. A quoi j'ajouterai que, si l'on doit
s'en rapporter au témoignage d'un commerçant de ma connaissance,
lequel exploite plusieurs carrières dans le département des Bouches-
du-Rhône, il y aurait une carrière de ces pierres sur le territoire d'Or-
gan, localité située sur la route de Marseille à Avignon.

Cela dit, voici les démarches que j'ai entreprises dans le but d'obtenir des renseignements précis et authentiques sur la nature de la
pierre phénicienne de Marseille. Dans les derniers jours de novembre
de l'année qui vient de s'écouler, je me suis adressé à deux savants
qui résident dans cette ville, et qui, par leurs études spéciales aussi
bien que par leur position officielle, étaient dans le cas de me procurer

(1) Cet antiquaire dit en parlant des deux fragments de l'inscription, qu'*ils ne forment
qu'une seule plaque peu épaisse en marbre brun;* et dans une note il ajoute : *Cette pierre,
trouvée à Marseille, ne peut pas être indigène, encore moins des carrières de Cassis.
puisque par sa formation calcaire elle diffère des pierres de nos montagnes.*

sur ce point les renseignements les plus exacts et les plus complets.
J'ai donc écrit en même temps à M. Ch. Lespès, professeur de minéralogie à la Faculté des Sciences de Marseille, et à M. G. Grinda, architecte des Lieux Saints de Provence. Ces deux messieurs se sont prêtés
à mes désirs avec un empressement qui témoigne de leur zèle pour le
progrès de la science et l'élucidation des questions historiques, et avec
une complaisance que je ne saurais trop reconnaître. On verra leurs
réponses, à la fin de ce mémoire, parmi les pièces justificatives ; je dois
me contenter ici de donner le résumé des observations qu'elles contiennent. Selon M. Lespès, qui a examiné avec soin le monument phénicien,
la pierre qui porte l'inscription n'a rien de commun avec celle qui est
dite *pierre de Cassis* : c'est un calcaire dolomitique, mais qui, par sa
finesse, sa dureté et sa couleur, ne ressemble en rien à celui de même
nature que l'on voit dans la partie septentrionale du territoire de Marseille, en particulier, à l'ouverture du tunnel de la Nerthe. D'un autre
côté, elle n'a qu'une ressemblance éloignée avec les calcaires dolomitiques du Var, et il est impossible d'émettre la moindre hypothèse sur
le point où elle a été exploitée.

M. G. Grinda, avec une réserve qui fait beaucoup d'honneur à sa
modestie, ne voulant pas trancher une question qui, selon lui, paraissait réclamer d'autres lumières que les siennes, a bien voulu, pour
m'obliger, avoir recours à deux autres savants marseillais, M. G. Le
Mesle et M. Coste, qui ont fait tous les deux une étude approfondie du
sol de la Provence, de la composition géologique des montagnes et des
terrains de cette contrée.

Il résulte d'une lettre adressée à M. Grinda par M. G. Le Mesle que,
celui-ci s'étant rendu au musée de la ville en compagnie de M. Coste,
afin d'y examiner l'inscription phénicienne au point de vue pétrologique, ils purent faire les observations suivantes : « La dalle sur la-
« quelle se trouve ce curieux monument épigraphique est en *calcaire*
« *siliceux, gris-brun, compacte, à gros grain, à cassure subconchoïde,*
« ayant quelques rapports avec le calcaire oxfordien de Septèmes,
« mais étant d'un grain plus fin que celui-ci et d'une cassure diffé-

« rente. Quant au calcaire à chama (aptien ou pierre de Cassis), il ne
« lui ressemble en rien. Somme toute, il n'y a rien d'approchant dans
« la localité. C'est un calcaire dolomitique, et il est bien probable que
« cette table de loi, ou plutôt de réglementation, a été apportée, il y
« en a de nombreux exemples, directement de la métropole : sa sanc-
« tion devenait ainsi beaucoup plus grande. » Telle est l'opinion de
ces éminents géologues ; telles sont les observations qu'ils ont bien
voulu consigner par écrit, et qui sont, comme on voit, parfaitement
conformes à celles du savant professeur de minéralogie de la Faculté
des Sciences de Marseille. Elles semblent résoudre définitivement la
question d'origine et de provenance de la pierre ; s'il pouvait rester
encore quelque doute sur ce point, il serait entièrement levé par un
fait extrêmement curieux et important, lequel a échappé jusqu'ici à
l'attention des archéologues et des antiquaires, je veux dire la ressemblance singulière qui existe, pour la forme des caractères comme pour
la nature minéralogique de la pierre, entre le monument de Marseille
et une épigraphe fort courte, qui est encastrée dans la muraille de
l'escalier du cabinet des médailles et antiques, à la Bibliothèque impériale. Elle fut découverte en 1865, au milieu des ruines de Carthage,
avec quantité d'autres inscriptions puniques, et donnée ensuite au
gouvernement français par madame Cornu. La composition minéralogique de cette pierre, la finesse de son grain, sa couleur gris-brun, tout
son aspect général lui donnent la ressemblance la plus parfaite avec
celle de Marseille ; en les comparant, il est difficile de croire qu'elles
n'ont pas été tirées de la même carrière. L'on peut, il me semble, en
dire autant des inscriptions puniques qui ont figuré, l'année dernière,
à l'Exposition universelle, et qui ont été apportées de Tunis par le fils
d'un très-haut personnage de ce pays. Autant qu'il m'en souvient, la
pierre sur laquelle elles sont gravées est de la nature de celles que
nous appelons lithographiques, et ne diffère de celle de Marseille que
par une légère nuance dans la couleur, qui est d'un gris blanchâtre,
tandis que, dans celle de Marseille, elle est, comme il a été dit, d'un
gris-brun.

Le fait que nous venons d'établir et de constater, porte avec lui une
conséquence historique difficile, pour ne pas dire impossible à éluder,
c'est que le monument phénicien de Marseille est venu primitivement
de Carthage, et que sa destination, comme cela résulte de l'ensemble
du texte qu'il porte, était de régler le culte dans un temple érigé sur
une terre étrangère, et pour une colonie qui tenait à conserver la reli-
gion de la métropole et les dieux de la patrie originelle. Quant à l'époque
probable à laquelle il remonte, il me semble l'avoir indiquée approxi-
mativement et par des raisons sérieuses dans mon premier Mémoire,
et je vois, non sans quelque satisfaction, que mon opinion a été
adoptée par la plupart des écrivains qui, depuis une vingtaine
d'années, traitent des origines de la ville de Marseille et de l'histoire
des Gaules.

Aux détails qui précèdent touchant la découverte de l'inscription
phénicienne de Marseille, détails que j'ai puisés pour la plupart dans
des écrits déjà publiés et, par conséquent, connus, se rattachent quelques démarches que j'ai entreprises personnellement, il y a deux ou
trois ans, dans le but de me renseigner d'une manière plus circons-
tanciée, soit sur le lieu précis de la trouvaille, soit sur la date de la
découverte elle-même ; mais je suis forcé d'avouer que, malgré les
recherches les plus actives de ma part, malgré toutes les informations
que j'ai eu soin de faire prendre par l'un de mes amis qui ré-
side à Marseille (1), j'ai eu le regret de voir mes efforts ne pas aboutir
et n'amener aucun renseignement nouveau ou de quelque importance.

Plus de vingt ans nous séparent de l'époque de la découverte ; dans
ce long intervalle, les lieux ont changé de face et de propriétaires ; les
personnes qui ont déterré le monument, sont mortes ou n'ont pu être
retrouvées ; celles qui en ont proposé la vente à l'administration muni-

---

(1) M. l'abbé Albanès, mon compatriote, l'un des prêtres les plus érudits du diocèse de
Marseille. L'on trouvera à la fin de ce Mémoire, parmi les pièces justificatives, des extraits
des lettres qu'il a bien voulu m'adresser à ce sujet.

cipale, ou qui l'ont autorisée, ont également disparu de la scène du monde; il m'a donc été impossible de consulter les témoins oculaires de l'événement en question, ni de recourir à la source des premiers renseignements donnés. Ceux qu'il m'a été permis de recueillir ici, quoique fort incomplets, n'en sont pas moins précieux pour l'histoire de l'archéologie, et le lecteur me saura quelque gré, je l'espère, d'avoir réuni dans cet humble travail tout ce que je suis venu à bout d'apprendre et de découvrir pour le transmettre fidèlement à la postérité.

Je vais maintenant présenter les observations épigraphiques que je considère comme la partie principale et la plus importante de ce Mémoire : elles portent sur le commencement de l'inscription, c'est-à-dire sur la première ligne, et sont destinées, comme il a été dit, à rétablir les lettres et les mots, soit mutilés, soit entièrement disparus. Je me servirai pour ce travail de deux excellents estampages de la pierre qui me furent donnés, en 1854, par feu M. Dassy, Conservateur du musée des tableaux de la ville de Marseille.

Les deux premiers mots de la première ligne se lisent sans difficulté aucune בעל בת, *maison ou temple de Baal*. Tous ceux qui se sont occupés du déchiffrement de l'inscription sont d'accord sur ce point; seulement ils ont négligé de faire remarquer que, par suite du bris de la pierre en cet endroit, la haste supérieure du *lamedh*, dernière lettre du mot בעל, a été emportée en grande partie.

A partir de cette lettre, et en allant à gauche, l'éclat de la pierre, qui présente la forme d'une légère échancrure, effleure plus ou moins la ligne supérieure des lettres, y entre plus ou moins profondément, en sorte que toutes ces lettres se trouvent décapitées et ne laissent voir que leurs parties inférieures. Grâce à la conservation de ces parties, à l'aspect de la forme des caractères et à la direction qu'ils semblent prendre, soit à droite, soit à gauche, il est permis de deviner les traits qui ont disparu, de reconstituer les lettres avec leurs débris et d'en déterminer la valeur d'une manière aussi sûre que satisfaisante.

A en juger par la longueur de l'espace qu'occupe l'échancrure en question, 0ᵐ 10 centim., ainsi que par les queues de lettres encore apparentes, le nombre de toutes ces lettres, soit tronquées, soit disparues, ne devait pas aller au delà de onze.

Examinons chacun de ces tronçons de caractères, chacun de ces mots plus ou moins mutilés.

Le mot qui vient après בעל se compose de trois lettres. La première devait être un *vav*, car le jambage qui en reste montre, soit par son épaisseur, soit par sa direction oblique vers la droite, qu'il formait la partie inférieure de cette lettre. Pour s'en convaincre, il suffit de comparer ce jambage avec celui des autres *vav* de l'inscription.

Le second caractère, qui est un *caph*, est presque entier; en effet, les traits qui forment la partie supérieure de cette lettre sont encore très-visibles; seulement, ils se trouvent tant soit peu raccourcis. Je dirai ici, une fois pour toutes, que le *fac simile* de notre inscription, qui a paru dans le tome XVII des mémoires de l'Académie des Inscriptions et Belles-Lettres, et que feu M. S. Munk a reproduit à la fin de sa dissertation sur cette même inscription, ayant été fait d'après un plâtre envoyé de Marseille, est défectueux et incomplet au commencement et aux extrémités de quelques lignes, et notamment sur les bords de l'échancrure qui a décapité ou mutilé les caractères que nous examinons dans ce moment (1). Ici, dans le *fac simile*, il ne paraît du *caph* que l'extrémité inférieure, tandis que sur la pierre originale et dans les deux estampages que je possède, la tête de cette lettre est parfaitement reconnaissable et d'une forme presque irréprochable. Quant à la troisième lettre, il ne saurait y avoir aucun doute sur sa valeur: elle présente la forme d'un *noun* avec l'*apex* un peu raccourci.

Ce groupe de lettres, qui est séparé du suivant par un intervalle sensible, donne le mot composé וכן *et fuit*, ou plutôt *et erit*, selon le génie de la langue hébraïque, qui permet, dans certains cas, de donner au prétérit précédé de la conjonction ו (*ve*) le sens du *futur*, et comme, d'ailleurs, on en voit un exemple dans notre inscription, à la ligne 18°, qui porte: ונתן לפי הכתבת, *et il la donnera conformément à l'écrit*, etc.

(1) V. *Journal asiatique*, n° 19 de l'année 1847.

C'est dans le même sens que ce mot se retrouve à la 4ᵉ ligne de l'inscription, où on lit וכן העַרת, *et erit pellis*. Dans mon second Mémoire, je dois l'avouer, j'avais hésité dans l'interprétation de ce groupe, car j'ai proposé de traduire par *et ainsi*, ou bien par *et il a été*, selon que le mot se lit וכֵן *vechen* ou וְכָן *vechon*.

Je ne répèterai pas ici ce que j'ai dit ailleurs (*Nouvelle interprétation de l'inscription phénicienne de Marseille*, page 8), pour établir que le verbe phénicien כָן a la même acception que l'arabe كَان, يَكُون (*être*) et que l'éthiopien ኮነ *kôna* (*fuit*). C'est un fait aujourd'hui acquis à la science et qui, fondé sur l'analogie et la comparaison de plusieurs textes, semble être désormais à l'abri de toute contradiction.

J'ai dit qu'entre le *noun*, dernière lettre du mot, et le caractère suivant, il y avait un intervalle sensible; il suffira, pour s'en assurer, de jeter un coup d'œil sur le *fac-simile* qui se trouve à la fin de cet opuscule. Avec la lettre qui vient après commence, par conséquent, un nouveau groupe, un nouveau mot; mais quel est ce mot? c'est ce que nous allons tâcher de voir et d'établir.

La première lettre est incontestablement un ב, *beth*; dans nos estampages il ne manque à ce caractère, pour être complet, que l'*apex*, qui couronne ordinairement et ferme la sommité de l'angle supérieur de cette lettre.

Après le *beth*, vient un espace laissé en blanc et où l'on n'aperçoit aucun vestige de lettre. Cependant comme, dans cet endroit, l'échancrure causée par l'éclat de la pierre ne descend pas très-bas, il est à présumer que nous avons affaire ici à une lettre qui n'avait pas de queue, mais arrondie et occupant seulement le haut de la ligne, telle que le *aïn* qui, dans l'écriture phénicienne, présente la forme de l'O des Latins et des Grecs. Que l'on prenne la peine de comparer le *aïn* qui accompagne le *beth* au commencement de la 5ᵉ ligne dans le mot בעֵגֶל, *pro vitulo*, et toute incertitude disparaîtra au sujet du caractère qui devrait remplir l'espace en question.

La lettre qui vient après, a été fort maltraitée dans l'accident qui est arrivé à la pierre; car il n'en reste guère qu'un lambeau fort court, au bas de la ligne à gauche. Nonobstant cela, il ne paraît pas impossible d'en découvrir la forme primitive et la valeur. Deux raisons me portent à croire que j'ai sous les yeux un linéament de la lettre *thav:* la première, c'est que l'extrémité de ce linéament, qui descend, d'ailleurs, beaucoup au-dessous de la ligne, est tournée obliquement vers la gauche, comme l'est ordinairement la haste du *thav;* la seconde, c'est la largeur de l'espace qui sépare cette lettre de la précédente, largeur qui, néanmoins, n'est pas telle, qu'elle permette de supposer l'existence de deux caractères, mais qui s'explique parfaitement, si l'on admet que la lacune a dû être remplie par la barre qui traverse le *thav* et forme un angle droit à sa droite.

La nature de cette lettre étant ainsi déterminée, je lis le groupe בעת, au lieu de ברת ou ברית, *loi, traité, pacte, règlement,* interprétation que j'avais proposée dans mes deux précédents Mémoires (1).

Mais quel sens faut-il assigner au mot phénicien ainsi lu? C'est ce qui dès l'abord ne paraît pas très-facile.

Ce mot est susceptible de plusieurs lectures et par conséquent de plusieurs interprétations, selon qu'il est prononcé בְּעֶת, בְּעֵת, בְּעָת. Examinons chacune de ces leçons.

1° La racine בָּעֵת, inusitée au *kal* ou première conjugaison (en syriaque בְּעֵת, *timuit, formidabit*), veut dire, au *pihel, terruit, perterruit, subito invasit,* d'où בְּעָתָה, *terror.* Ce sens ne saurait convenir au mot que nous examinons, car il doit avoir de l'analogie avec l'ensemble du texte de l'inscription et se rapporter à l'idée de *redevance, de taxe,*

(1) Parmi les épigraphes puniques publiées par M. N. Davis, dans un recueil intitulé : *Inscriptions in the phœnician character now deposited in the British Museum, discovered on site of Carthage,* etc. (*London,* 1863), il en est une, la 90° (planche XXXII), qui offre tant d'analogie et de ressemblance avec l'inscription de Marseille, que l'on serait tenté de croire qu'elle a été calquée sur celle-ci, et qu'elle en est seulement le sommaire et l'abrégé. Si cette épigraphe était réellement authentique, ce qui me paraît fort douteux, elle confirmerait à merveille ma lecture, car le premier mot par lequel elle débute est précisément le même que celui que nous venons de reconnaître et de restituer dans notre inscription, se composant des trois lettres *beth, aïn, thav,* qui sont entières et parfaitement lisibles.

laquelle se trouve exprimée immédiatement après, comme nous allons le voir.

2° בְּעֵת signifierait *in tempore*. Ce sens ne saurait, non plus, être admis ici, pour deux raisons : la première, c'est que, si l'on tient compte de l'usage de la langue hébraïque qui, dans le fond, était la même que le phénicien, le mot qui suit ici le verbe כָּן doit être un substantif exprimant le sujet de la proposition, et non un adverbe ou une expression adverbiale, telle que celle que nous aurions ici, si le mot avec lequel nous avons affaire devait se lire בְּעֵת, *in tempore*; la seconde, c'est que, en admettant cette leçon, le verbe כָּן, qui appartient à la proposition principale, resterait sans sujet. En effet, dans cette supposition, le mot qui vient après בְעֵת et qui doit se lire incontestablement הַמִשְׁאתת, *taxes*, *redevances*, *tributa*, *dona*, comme nous allons l'établir, deviendrait le complément du premier, ce qui donnerait *in tempore tributorum;* d'un autre côté, les mots qui suivent, savoir : אש מן (או), *quæ imposuerunt*, formant une proposition incidente, ne sauraient être considérés comme le sujet de la proposition principale.

3° Il reste donc évident que le mot בְעֵת est un substantif, et que nous devons y reconnaître le véritable sujet de la proposition principale. En conséquence, je lis et prononce בָּעֵת ou בָּעוּת, mot qui veut dire *petitio*, *requisitio* (demande, exigence), de la racine בָּעָה (araméen בְּעָא), *quæsivit*, *petiit*, *rogavit*, employée dans ce sens dans Isaïe (XXI, 12), à la forme *kal*, et dans Obadie (1, 6) au *niphal*. Il est vrai que ce verbe se rencontre rarement avec cette acception chez les auteurs hébreux, mais en chaldaïque et en syriaque rien de plus usité; on le trouve fréquemment dans Daniel (II, 13; VI, 5) et *passim* dans les *Targum*.

Le substantif verbal בָּעוּת, *petitio*, se lit notamment dans Daniel : בָּעֵא בָעוּתֵה, *petit petitionem suam* (VI, 14), et, sous la forme tronquée בְּעֵי, au verset 8 du même chapitre, dans cette phrase : דִי יִבְעֵא בָעֵי, *qui petiet petitionem*. En syriaque, nous avons la forme emphatique du même mot dans ܒܳܥܽܘܬܐ (*boôutho*) et ܒܥܳܬܐ (*beôtho*).

La lecture du 5ᵉ mot n'offre pas de difficulté sérieuse, bien que les premiers caractères soient horriblement mutilés. En effet, le mot finissant visiblement par les trois lettres אתח, nous sommes conduits à voir ici le substantif pluriel מששאתח, *tributa*, *debita*, dont le singulier מששאת se lit aux lignes 10ᵉ, 17ᵉ, 18ᵉ, 20ᵉ et 21ᵉ de notre inscription. J'ai constaté ailleurs (1) que la forme plurielle en תח des noms féminins n'était pas particulière à la langue phénicienne, mais que l'hébreu, de son côté, nous en fournissait également plusieurs exemples.

Notre lecture demeurera, je pense, incontestable, si nous parvenons à démontrer que les caractères qui précèdent אתח font réellement partie du mot supposé. En effet, en procédant de gauche à droite, il est impossible de ne pas reconnaître d'abord dans les deux petits traits perpendiculaires qui descendent au-dessous du niveau de la ligne supérieure, les deux premiers linéaments qui entrent dans la formation du *schin* et qui traversent cette lettre, l'un à droite et l'autre au milieu de son trait horizontal. Il n'existe pas dans l'alphabet phénicien d'autre caractère qui présente dans sa partie inférieure deux linéaments aussi courts et en même temps aussi rapprochés.

Le 5ᵉ caractère, en allant toujours de gauche à droite, ne peut être qu'un *mem*, comme l'indiquent les portions de la gravure que le bris de la pierre n'a pas fait disparaître. Ces vestiges consistent en un long jambage qui descend au-dessous de la ligne supérieure en se dirigeant vers la gauche, et en un petit trait placé à la gauche et à une certaine distance de ce jambage, mais vers le haut de la ligne. Dans ce jambage il serait difficile de ne pas voir la tige droite de la lettre *mem*, et dans le petit trait en question le commencement de l'*apex* qui s'élève au-dessus de cette lettre, à l'extrémité de sa partie gauche.

De la réunion des caractères que nous venons de reconnaître, résulte le mot מששאתח, que nous avions proposé et qui semblait d'ailleurs être exigé par le contexte et le sens général de l'inscription.

Pour achever la lecture de cette série, il ne nous reste plus qu'à ex-

____

(1) Voyez mon second Mémoire, p. 5.

pliquer la présence de deux petits linéaments placés à la droite du caractère qui précède. Le premier, un peu épais dans sa partie supérieure, mais ayant son extrémité inférieure terminée en pointe, est tourné vers la droite; le second, placé à une très-petite distance du premier, plus court et à peine visible, regarde la gauche : impossible de ne pas reconnaître dans ces vestiges les restes mutilés de la lettre *hé;* lue et prononcée *ha,* elle nous donne l'article phénicien qui, d'après l'usage de la langue, devait précéder משאחת, complément du mot בעות, dont nous avons fixé la valeur comme substantif.

Après le mot המשאחת vient le conjonctif אש, qui est l'équivalent et l'abrégé de l'hébreu אשר : tout le monde est aujourd'hui d'accord sur la lecture et la signification de ces deux lettres réunies ensemble.

Le mot אש était suivi d'une nouvelle série de lettres que la mutilation de la pierre, ici beaucoup plus profonde et plus large, a malheureusement fait entièrement disparaître; il en reste seulement deux, savoir un *teth* dont la forme est intacte et parfaitement caractérisée, et un *noun* dont on distingue encore la silhouette et les contours, ainsi que la moitié du côté droit dans toute sa longueur, l'autre moitié ayant été enlevée par l'éclat de la pierre. Dans les *fac-simile* qui ont été publiés, il n'existe aucune trace de cette lettre, et c'est ce qui explique pourquoi nul de ceux qui se sont occupés du déchiffrement de l'inscription, soit avant, soit après moi, n'a essayé d'établir la lecture de ce mot et de nous en donner la traduction; cependant, dans mes deux Mémoires, j'avais proposé cette lecture qui me semble aujourd'hui tout à fait sûre et hors de conteste; de plus, dans un autre Mémoire que j'ai publié en 1852 sur trente-neuf nouvelles inscriptions puniques (pages 12 et 13), j'ai prouvé, je crois, jusqu'a l'évidence, tant par des raisonnements philologiques que par des exemples, que la racine מנא, qui est propre à la langue phénicienne, ne pouvait avoir d'autre signification que celle de *ponere, imponere, statuere, collocare,* signification qui se retrouve dans son analogue chaldaïque אַצְבַּע, forme *aphel* de צְבַע, inusité au *pehal.*

Suppléant donc un *aleph* aux deux lettres que nous venons de reconnaître et qui sont, à n'en pas douter, les initiales d'un verbe, nous lisons מנא, *imposuit*, *statuit*, ou au pluriel מנאו, *statuerunt*, si l'on suppose que, dans la lacune qui vient après, il était question de plusieurs personnes, auteurs du décret ou règlement dont il s'agit.

Après la lacune en question, qui s'étend, à gauche, jusqu'au bord du premier fragment et pouvait contenir une vingtaine de caractères, les premiers qui se présentent, au début du second fragment, sont deux *thav*. Ces deux lettres formaient vraisemblablement la terminaison de quelque nom féminin mis au pluriel. Dans mes deux Mémoires j'ai proposé de suppléer un *daleth* avant ces deux caractères, et de lire דתת, pluriel de דת, *lex, statutum, decretum* (1).

Ce mot est séparé du suivant par un intervalle bien marqué. Le premier caractère par lequel débute cette nouvelle série est un *aïn*. Il est entier et d'une forme irréprochable, n'ayant pas été atteint par le bris de la pierre. Le second offre quelque difficulté. Dans mon second Mémoire je l'ai considéré comme un *lamedh* pour en former le mot עלם, *perpetuitas*, lequel joint au précédent donnait l'expression bien connue דתת עלם, *leges æternæ*. Aujourd'hui, après avoir soumis à un examen plus approfondi les traces que ce caractère a laissées sur la pierre, je suis amené à y reconnaître un *thav*, valeur que je lui avais assignée dans mon premier Mémoire (page 11). En effet, nous avons ici d'abord un petit trait perpendiculaire dont la pointe est inclinée de gauche à

(1) Au mois de novembre de l'année dernière, me trouvant à Marseille pendant les derniers jours de mes vacances, j'eus la curiosité de visiter pour la vingtième fois l'inscription phénicienne déposée au musée de la ville. Quel ne fut pas mon étonnement, ou plutôt, quelle ne fut pas mon indignation, lorsque, venant à examiner de nouveau les parties mutilées de la précieuse épigraphe, je découvris vers le bord, à gauche du premier fragment et à la première ligne, les quatre lettres המשא, lesquelles, ointes aux deux תת qui se présentent au commencement du second fragment, donnent le mot entier המשאתת (*les offrandes*)? Ces lettres, placées un peu au-dessous du plan de la ligne inférieure et dessinées d'un trait extrêmement fin, ont été évidemment ajoutées à l'inscription dans ces derniers temps par une main audacieuse et coupable : j'ignore comment les gardiens ont pu laisser commettre avec impunité une pareille profanation. Avis aux Conservateurs du musée de Marseille

droite, c'est-à-dire du côté du *aïn*, puis, à une très-courte distance, un jambage qui descend au-dessous du niveau de la ligne inférieure et présente l'extrémité de sa queue inclinée de droite à gauche. Ces restes de traits ne sauraient convenir à une autre lettre que le *thav*, car en supposant qu'ils soient prolongés tant soit peu, l'un horizontalement vers la gauche, au milieu de la ligne, et l'autre perpendiculairement au-dessus de la ligne supérieure, l'on obtient sans difficulté aucune la forme complète du caractère en question. Cette valeur me semble maintenant d'une certitude absolue, et cette lettre jointe à la précédente nous donne le mot עֵת, qui veut dire *tempus*.

Entre le *thav* dont nous venons de déterminer la lecture et les premiers linéaments d'un autre caractère que l'on aperçoit distinctement à gauche, il existe une petite lacune qui occupe seulement la place d'un caractère.

Ce caractère dont il ne reste malheureusement que quelques linéaments informes, une queue inclinée de gauche à droite et deux petits traits presque invisibles placés à gauche de cette queue, me paraît assez difficile à déterminer. On serait tenté d'abord de le prendre pour un *iodh*, valeur que j'avais cru pouvoir proposer dans mon premier Mémoire. Aujourd'hui, après un examen plus attentif du tracé de ces linéaments, je penche à croire que cette place était remplie par un *hé* ה. Cette lettre, jointe aux deux précédentes, donne le mot adverbial עַתָּה *nunc, jam, hoc tempore*, qui se rencontre si fréquemment dans les textes bibliques ; mais ici, comme il s'agit d'un règlement qui devait avoir son exécution dans l'avenir, l'expression עַתָּה doit signifier, *jamjam, mox, posthac* ou *postmodum*, sens dans lequel elle se trouve également employée dans les Livres Saints. C'est ainsi qu'on lit dans Job : עַתָּה לְעָפָר אֶשְׁכַּב וְשִׁחֲרְתַּנִי וְאֵינֶנִּי, *Quoniam mox in pulvere dormiam, et si me quæsieris, non subsistam* (VII, 21); et dans le premier livre des Rois : עַתָּה תָּשׁוּב הַמַּמְלָכָה לְבֵית דּוִד׃, *Postmodum revertetur regnum ad domum David* (XII, 26). Néanmoins, il pourrait se faire que l'adverbe en question se rapportât au verbe מנאו, par lequel commence la phrase incidente, auquel cas, il conserverait sa signification de *jam, nunc, tempore isto*, ce qui, du reste, me paraît peu probable.

Pour achever la lecture du mot qui vient après le *lamedh*, il me suffira de répéter ici les observations qui se trouvent déjà consignées dans mes deux précédents Mémoires. Les trois premières lettres ont été fort maltraitées par le bris de la pierre; il n'en reste guère que les jambages inférieurs, mais ces vestiges suffisent pour éclairer nos recherches et nous mettre sur la voie pour découvrir la valeur des caractères auxquels ils doivent appartenir. Constatons d'abord la présence du mot בעל, *Baal*, à la suite des trois caractères en question. Or, ce mot étant accompagné des qualifications השפט, *le suffète* et de בן־בדתנת, *fils de Bodtanith*, il est de toute évidence qu'il s'agit d'un nom propre, dans lequel le mot בעל devait entrer comme composant. Aurions-nous affaire au nom חלצבעל qui se lit en deux endroits de notre inscription, savoir la 2ᵉ et la 19ᵉ ligne? C'est ce que l'examen des bouts de lettres que l'on distingue encore sur la pierre, met, selon moi, hors de toute espèce de doute. En effet, les deux jambages perpendiculaires que l'on aperçoit immédiatement après le *lamedh*, et qui sont traversés et joints ensemble par une barre vers le milieu de la ligne, appartiennent incontestablement à la lettre *heth* dont nous avons, par conséquent, toute la partie inférieure, c'est-à-dire la moitié. Il me paraît superflu de faire remarquer qu'au-dessous du premier jambage de la lettre s'étend une petite cavité qui est simplement l'effet d'un éclat de la pierre, et dont, par conséquent, il ne faut nullement tenir compte.

Après le *heth* s'ouvre une lacune qui occupe seulement la place d'un caractère. Si l'on examine avec quelque soin cet espace et surtout le bord de l'échancrure qui se présente dans cet endroit, l'œil parvient à y découvrir la queue d'une lettre inclinée de gauche à droite et accompagnée, à gauche, de deux traits à demi effacés et placés obliquement. Je reconnais dans ces vestiges les extrémités ou la base d'un *lamedh*, lettre qui, comme on sait, élève sa haste au-dessus du niveau de la ligne supérieure, mais dont la queue fort courte expire, pour ainsi dire, au milieu de l'interligne.

La lecture du caractère suivant ne me paraît pas moins certaine. Il
est vrai que nous n'avons sous les yeux qu'un fragment de lettre fort
incomplet, qu'un jambage très-court; mais ce fragment nous présente
une forme très-significative, et nous révèle sûrement la valeur du caractère dont il faisait partie : l'épaisseur du trait et la direction de sa
pointe ou extrémité inférieure qui regarde la droite, lèvent toute incertitude sur ce sujet et nous pouvons affirmer que nous avons affaire
à un *tsadé* et non à toute autre lettre. Cela posé, et les restitutions
que je viens d'établir étant admises, je lis dans les trois lettres חליץ
que je viens de reconnaître, le mot *Halis*, premier composant du nom
propre חליצבעל *Halisbaal*.

Le second composant de ce nom est le mot בעל, qui se lit sans difficulté aucune; seulement, pour ne rien omettre de ce qui touche à la
description exacte de l'état de la pierre pour la première ligne de notre
épigraphe, il ne sera pas hors de propos de faire observer que la forme
du ב n'est pas complète, le bris de la pierre ayant enlevé une partie de
la boucle de cette lettre.

Les mots suivants n'offrent aucune difficulté et se lisent, comme je
l'ai dit plus haut :

השפט בן בדחנת בן בד··· ···

Sufetis, filii Bodtanith, filii Bod.....

Je ne reviendrai pas sur ce que j'ai dit ailleurs touchant la signification des noms propres *Halisbaal* et *Bodtanith;* on peut consulter là-
dessus mes deux Mémoires et les travaux des savants orientalistes
qui se sont occupés comme moi du déchiffrement de l'inscription de
Marseille. Mes observations porteront seulement sur la dernière lettre du
mot בדחנת, et sur le nom par lequel se terminait probablement la
première ligne. Je dois d'abord constater cette particularité, que la
lettre en question, quoique à demi effacée en partie par l'usure, en
partie par le bris de la pierre, est néanmoins très-reconnaissable
dans les deux linéaments qui en restent et que l'on peut vérifier
dans mon estampage. De ces deux linéaments, l'un, qui descend au-

5

dessous de la ligne inférieure en se dirigeant de droite à gauche, formait évidemment le jambage inférieur d'un *thav* ; l'autre, qui occupe
le milieu de la ligne entre le jambage et l'angle de la lettre précédente
qui est un *noun*, faisait partie, à coup sûr, de la barre transversale
qui coupe le *thav* en deux par le milieu. Comme on voit, la partie
supérieure de ce caractère a entièrement disparu ; mais, je le répète,
sa valeur est tout à fait certaine, et j'ajoute que si les considérations
paléographiques sur lesquelles j'appuie cette lecture, ne paraissaient
pas suffisantes pour l'établir, elle serait réclamée par la présence des
deux caractères par lesquels commence le mot et qui exigent qu'on
lise תנת, *tanith* et non autrement.

Le dernier mot de la ligne que je lis בד, *bod*, et qui est le premier
composant d'un autre nom propre, est nécessairement incomplet et
mutilé. Il était, selon toutes les apparences, accompagné du nom de
quelque divinité de l'Olympe phénicien, telle que *Aschmoun, Milcart,
Baal, Aschtoreth, Tanit*, comme dans le précédent : mais quel est celui
de ces noms qu'il faudrait ici suppléer ? C'est ce qu'il nous est impossible d'établir, vu que la pierre reste muette sur ce point.

A juger de la longueur de cette ligne par celle des lignes qui suivent,
notamment la 3ᵉ, la 5ᵉ, la 6ᵉ et la 12ᵉ, qui sont les plus longues, et où,
néanmoins, le contexte et le sens général de l'inscription exigent
quatre ou cinq mots, ou une douzaine environ de caractères, celle qui
nous occupe dans ce moment, devait contenir, à la suite du mot inachevé בד, *bod*, une dizaine environ de lettres. D'un autre côté, comme
la ligne qui vient après commence par la qualification de *suffète*,
השפט, donnée à un magistrat qui est dit *fils de Bodeschmoun*, il est
évident que le nom de ce personnage devait se trouver à la fin de la
première ligne. Or, quel était le nom de ce magistrat ? Par bonheur il
se rencontre au commencement de la 19ᵉ ligne, où on lit : בן חלצב
עלחלצבעל בן בדאשמן, c'est-à-dire *Halisbaal, fils de Bodeschmoun,
fils de Halisbaal*.

Nous avons donc les noms des deux suffètes sous la présidence de
qui le règlement contenu dans notre inscription fut décrété. Ils s'appe

laient tous les deux *Halisbaal*, mais ils étaient distingués l'un de l'autre par le nom de leur père, le premier étant fils de Bodtanith, et l'autre, fils de Bodeschmoun. De toutes ces observations, il résulte que les mots qui venaient après בד, *bod*, et qui terminaient la première ligne, étaient au nombre de deux seulement, savoir le second composant du nom propre qui commençait par בד, *bod*, et le nom du second suffète qui s'appelait חלצבעל, *Halisbaal*, comme son collègue, ce qui donne environ une douzaine de caractères et remplit suffisamment l'espace que nous sommes autorisés à supposer à la fin de la ligne en question.

Le titre de l'inscription ne finissant pas avec cette première ligne, mais se continuant dans la suivante, qu'il me soit permis d'exposer en peu de mots ce qu'elle contient, afin de ne pas laisser incomplet le sens de cette partie du texte. Poursuivant donc mon examen, je dis que les premiers mots de la seconde ligne se lisent sans hésitation possible : השפט בן בדאשמן בן חלצבעל, *suffes, filius Bodesmun, filii Halisbaal.* Ce sont les qualifications et les surnoms du second magistrat, qui, avec le concours de son collègue, arrêta le règlement dont il est question dans l'inscription.

Après ces noms viennent les deux lettres ו ח. Le *vav* est entier et parfaitement reconnaissable ; il n'en est pas de même du *heth*, dont le bris de la pierre a emporté la cloison supérieure ; le reste est bien conservé et se distingue parfaitement. Ces lettres forment le commencement du mot וחברנם, et *societas* ou *collegium eorum*, c'est-à-dire les membres de leur conseil et leurs collègues dans l'administration de la communauté ou de la colonie. Ce mot, qui se trouve aussi à la fin de la ligne 19ᵉ, se compose du substantif phénicien חברן, qui a le même sens que l'hébreu חֶבֶר *societas, sodalitium*, et du pronom affixe ם (*am*) *eorum*. C'est ainsi que je l'ai traduit dans mon premier Mémoire (page 14) et dans ma *Nouvelle interprétation* (page 6). Cependant, dans ce dernier travail, j'ai montré quelque hésitation au sujet du sens de ce mot, et il m'a semblé pouvoir donner mon assentiment à l'opinion de de M. le docteur Judas, qui a rendu חברנם par le grec Καβάρνοι, qui, selon Hésychius, était le nom des prêtres de Cérès dans l'île de Paros : Καβάρνοι, dit-il, οἱ τῆς Δήμητρος ἱερεῖς, ὡς Πάρειοι. Mais, dans ce cas, le mot phénicien serait précédé de l'article ה (*ha*), selon l'usage de la langue hébraïque; et puis, on ne voit pas trop ce qu'ont affaire ici les prêtres de Cérès et l'île de Paros.

Avec ce mot se terminait l'alinéa, car après une lacune de quelques lettres enlevées par l'éclat qui a endommagé la pierre jusqu'à cette profondeur, la surface est lisse et unie, ne présentant aucune trace de caractères.

Après l'examen que nous venons de faire des deux premières lignes de l'inscription, après la restitution des caractères fragmentaires et des mots mutilés qu'elles contiennent, il ne nous reste plus qu'à rassembler tous ces mots pour en donner l'interprétation. Voici de quelle manière ils se lisent et se traduisent :

PREMIÈRE LIGNE

1.   ‏· · · · · ·בת בעל וכן בעת המשאחת אש טנאו‎

‏לחת עחה חלצבעל חשפט בן־בדחנגו בן־בדמלקרת וחלצבעל‎

SECONDE LIGNE

2.   ‏השפט בן־בדאשמר בן־חלצבעל וחברנם :‎

1. *Templum Baal. Petitio* ou *exactio oblationum quas præscripserunt..,*
    .... *ut dent posthac, Halisbaal suffes, filius Bodtanith, filii*
    Bod (Milcarth) *et Halisbaal*

2. *Suffes, filius Bodesmun, filii Halisbaal eorumque collegium.*

Guidé par le sens général de l'inscription, s'il m'était permis de suppléer les trois ou quatre mots qui manquent au milieu de la première ligne, je proposerais la restitution suivante :

‏על בעלי הזבחת לכהנם‎ *Dominis sacrificiorum in gratiam sacerdotum.*

Telles sont les observations que m'a fournies la nouvelle étude de ce préambule, qui a fait jusqu'ici le tourment de tous les interprètes. Je les soumets avec confiance au jugement des philologues, parce qu'elles ont été faites dans le seul désir de jeter du jour sur la partie

de ce texte qui a le plus souffert des injures du temps et de l'ignorance
des hommes, et que personne jusqu'ici n'a cherché à rétablir et à déchiffrer ; je suis convaincu que mon travail et mes efforts recevront
leur approbation, et que l'on me saura même quelque gré d'avoir attiré
de nouveau l'attention des orientalistes sur une inscription telle que
celle de Marseille, qui, par son importance, la nature de son texte et
son antiquité, l'emporte sur tous les monuments de ce genre que l'on a
découverts jusqu'à nos jours, sans en excepter le tombeau du roi
Eschmounazar, qui décore aujourd'hui le musée du Louvre.

PIÈCES JUSTIFICATIVES

Nº I

La pièce suivante est un extrait de la Notice lue par M. P.-J. Bosq au Congrès scientifique qui fut tenu à Aix en 1852. Avant la publication de ce travail dans les deux recueils qui ont été mentionnés dans ma note placée au bas de la page 6 de ce Mémoire, M. Bosq m'en avait donné une copie manuscrite que je conserve et où j'ai puisé l'extrait que je transcris ici. Le style de l'auteur laisse beaucoup à désirer, comme l'a fait remarquer avec raison le rédacteur des *Assises du Sud-Est de la France* (pag. 76), mais son travail, ayant déjà vu le jour et reçu les honneurs de la publicité, ne nous permet pas de rien changer à sa rédaction originale; nous suivrons, d'ailleurs, en cela les intentions de notre antiquaire, qui n'a jamais eu la prétention d'être un habile littérateur, mais un simple amateur d'antiquités. Dans une notice manuscrite sur l'église de son pays, qui est entre mes mains, il prie lui-même le lecteur de vouloir bien excuser ce que sa rédaction présente de défectueux, « attendu, dit-il, qu'il n'appartient pas à la classe privilégiée des personnes qui ont vieilli sur les bancs de l'école. » Au surplus, je crois avoir donné une idée de sa manière d'écrire et d'exprimer sa pensée, dans ma *Notice sur un autel chrétien découvert à Auriol*, notice où j'ai publié une de ses épîtres, qui est, de l'avis de tous les connaisseurs, une vraie curiosité littéraire.

Extrait de la notice de M. P. J. Bosq sur la découverte de l'inscription phénicienne de Marseille.

Étant à Marseille, M. Giraud, du lieu d'Auriol, employé à l'école gratuite de dessin de Marseille, nous fit part de cette trouvaille. Nous nous rendîmes à Marseille et nous invitâmes M. Feautrier, archiviste à la mairie, à venir avec nous examiner ce monument.

En effet, le 14 avril 1845, accompagnés de M. Feautrier et de M. Giraud, nous fûmes rue Négrel, dans la maison du sieur Allègre, pour examiner les deux fragments d'inscription.

Ces deux fragments ne forment qu'une seule plaque peu épaisse, en marbre brun (1), sur laquelle on lit l'inscription phénicienne, que nous avons reconnue non complète. Il nous était facile d'en faire l'acquisition comme de tant d'autres inscriptions et monuments qui font l'ornement de notre cabinet, et à un prix excessivement minime.

Avant d'avoir vu cette pierre phénicienne, M. Giraud en avait déjà fait part à M. Clément et l'avait conduit dans la rue Négrel, chez le propriétaire; mais, d'après le récit que nous en fit M. Giraud en présence de M. Feautrier, il paraît que M. Clément n'avait pu reconnaître à quel peuple appartenait cette inscription.

D'après nos observations, nous fûmes les premiers à reconnaître que cette pierre était un monument phénicien, inscription unique trouvée sur le sol marseillais! C'est à cause de ce fait que nous fûmes bien aise que M. le maire de Marseille pût en faire l'acquisition pour le compte de la ville, et, en effet, M. Feautrier fut le négociateur de cette affaire. La correspondance le prouvera ci-après.

En effet, nous nous estimons heureux d'avoir pu contribuer à ce que ce monument fût acquis par la ville, au lieu de le réunir à nos collections, ce qu'il nous était bien facile d'obtenir. . . . .

Par les faits qui précèdent, on voit par quelle voie ces fragments d'inscriptions sont arrivés au musée de Marseille.

Non satisfaits des renseignements que nous avons pu nous procurer de la part de celui qui a vendu les deux inscriptions, nous avons voulu faire de nouvelles perquisitions à l'effet de savoir si le lieu historique de leur enfouissement est assez spacieux, et pouvoir y faire des fouilles, dans l'espoir de trouver le complément de l'inscription monumentale.

Les renseignements que nous avons obtenus, après bien des recherches, dans le but de pouvoir découvrir le complément de cette inscription, consistent dans les suivants :

____

(1) Cette pierre, trouvée à Marseille, ne peut pas être indigène, non moins des carrières de Cassis, tandis qu'elle diffère par sa formation calcaire des pierres de nos montagnes.

M. Saurin, entrepreneur-maçon, fit la découverte de cette inscription en travaillant dans la propriété de M. Félix Gazel, située à Marseille, près le grand séminaire.

M. Saurin travaillait à réparer les murs d'une petite maison appartenant à M. Gazel, et dans les dépendances de laquelle se trouve un lavoir.

C'est en faisant ce travail, en creusant dans l'intérieur de la maison pour réparer les murs de fondation, que cette pierre phénicienne coupée en deux a été mise à découvert, et le propriétaire en fit don au maçon (1).

D'après le dire du maçon, il y avait au moment de la découverte bien d'autres pierres ouvrées, et il serait possible qu'en faisant des fouilles dans ce lieu, on pût découvrir l'autre partie du monument.

Cette propriété a été vendue aujourd'hui par M. Gazel.

C'est dans l'intérêt des sciences et des arts que nous croyons bien faire de transmettre ces documents à son Excellence le Ministre de l'intérieur pour y faire pratiquer des fouilles.

Auriol, le 11 juillet 1852.

BOSQ PAUL-JACQUES, frère.

N° II

Extrait du mémoire de M. N. Limbéry, de Sparte, intitulé : *Le traité de Marseille, inscription phénico-punique, trouvée à Marseille en 1845, etc., etc.* Alger, 1846.

Les exemplaires de la dissertation de M. Nicoly Limbéry étant devenus fort rares et très-difficiles à se procurer aujourd'hui, je crois faire une chose agréable au lecteur en reproduisant ici la curieuse et incroyable explication que cet amateur a donnée de l'inscription phénicienne de Marseille.

(1) La personne qui a vendu cette inscription, n'était que le commissionnaire de M. Saurin.

TRADUCTION DU TRAITÉ D'ALLIANCE

PASSÉ ENTRE MARSEILLE ET CARTHAGE

PAR M. NICOLY LIMBÉRY, DE SPARTE.

Ligne 1re. Avec le désir et la volonté du sénat et du peuple des Matsaloum (1), fut proclamée par la voix de l'oracle, dans le sanctuaire du temple, l'injustice commise par le roi *Balhanasar*. A cet effet, on délibéra, et ce traité fut publié dans le but de se lier par les nœuds de l'amitié avec ceux qui adorent Bélus, et de présenter au fils de *Baal* des offrandes pour en obtenir un heureux succès.

Ligne 2e. Il est arrêté que les commandements en seront observés, et l'on s'engage à se laver les mains avec le sang du fils de Balhanasar (le nommé) Alam.

Cette promesse sera suivie d'un serment solennel, serment qui constatera la foi des Cartahadouth (2) jurée aux Matsaloum.

Ligne 3e. Et lorsque ce serment et ce traité auront vieillis, ils seront réglés de nouveau, et vous ne devrez (les Marseillais) ni trembler, ni craindre, s'il reste éternellement devant vos yeux, sur cette pierre qui constitue : les impositions, les droits, les égards que vous devrez maintenir envers les hommes distingués de notre nation, et la justice et la probité établies par ceux qui font le tour du monde pour s'attirer l'amitié des nations, et cela par leur sagesse.

Ligne 4e. Ainsi le tribut se compose de beau blé, jaune comme l'or, mis dans des sacs, pour pouvoir ensuite plus facilement être versé dans les Omers (3), puis, au lieu de celui que vous nous aurez donné, nous vous enverrons dans les mêmes sacs du vieux blé qui sent mauvais, et que nous aurons de reste dans nos greniers, pour être donné aux pauvres. Cet échange et cette compensation vous seront certainement agréables ; vous en éprouverez une estime pour nous dans l'intérieur de vos cœurs.

Ligne 5e. Et en marque de la validité de ce traité, du cachet de sa loyauté, de sa fidélité, de sa mise en vigueur et de son exécution, il sera établi de grandes tours avec des feux allumés par dessus : ces feux seront assez élevés pendant la nuit ; et pour ne pas confondre les villes secondaires avec la capi-

---

(1) Les Marseillais, de Matsala, Marseille ; *oum*, signe du pluriel, Gadala, Gaulois, Gadalham.

(2) Carthaginois, de Karta (ville), Hodeth (nouvelle).

(3) Mesure des Hébreux.

tale, on n'allumera le feu des tours pendant la nuit, que dans celle où il y aura des greniers servant à l'entretien des grands greniers de Matsalià.

Ligne 6°. Et de ne pas chagriner le peuple, ni forcer à mener dans les dépôts les grains du tribut, ni user de violence envers ceux qui doivent en faire le transport, mais le faire porter par des chariots tirés par des animaux, et même ce moyen de transport le solliciter comme faveur, s'il le faut, même avec des prières, lorsque ceux qui doivent être chargés de le faire sont dans l'aisance. Ne pas solliciter des pauvres ce service, ni employer leurs ustensiles, à moins que de le faire avec leur avantage ; lequel sera établi d'après l'usage des gages du transport : en y mettant cette condition, qu'on partagera les journées fixées entre ceux qu'on aurait choisis, divisant intégralement le nombre des journées voulues entre les individus chargés du transport, et sans montrer envers eux ni dérision ni mépris.

Ligne 7°. Cette considération vous apprendra à ne pas fouler le peuple à vos pieds, pour de simples frivolités ; ceux qui refuseraient avec témérité de donner à l'État (1) l'impôt dans les jours du lion (2), se composant de millet mondé, si, après ce sentiment de désobéissance, ils passaient de la colère aux voies de fait envers les receveurs, alors ceux-ci agiraient envers eux comme sujets troublant le bon ordre, attaquant par leur résistance les lois établies, et se dévoilant comme des ennemis publics et des partisans de Balhanasar.

Ligne 8°. On s'engage à renverser de son trône le roi Balhanasar, à le mettre dans l'esclavage, à donner au peuple (de Marseille) pleine liberté dans l'élection, pour chef, d'un riche citoyen, parfait dans ses mœurs, et qui serait soumis aux ordres de Haderbal, et ainsi le tout serait terminé.

Ligne 9°. Et celui qui sera nommé en la place de Balhanasar, commandera et parlera le premier dans l'assemblée, celui-ci est Malhanar. Il s'emparera du pouvoir, et il offrira ensuite au nom du sénat et du peuple un sacrifice à Tamouz de cent bœufs (3).

Ligne 10°. Et pour l'accomplissement et l'achèvement de ce traité, de ce nouvel avénement au pouvoir, il (Malhanar) fera cent petits sacrifices qui seront ordonnés par un édit particulier, en l'honneur de cette inscription ; car nous avons détourné de vos têtes tant de siècles de douleurs et de querelles oppressives de la part des descendants de Bermous, de ses marchands et de ses officiers.

Ligne 11°. Ainsi, vous triompherez du tyran et de la tyrannie, et pour qu'ils ne puissent plus vous nuire jamais, vous fortifierez votre capitale, vous la rendrez redoutable par des murailles élevées, bâties en pierres, cela pour

(1) Il entend parler des tributaires marseillais.
(2) Juillet.
(3) Le Mendès des Égyptiens (idole des Carthaginois; bouc en hébreu).

repousser les révoltés des gens de la campagne.. et les grandes attaques des Gadalham (1).

Ligne 12e. Ces remparts serviront pour vous mettre à l'abri avec vos effets les plus précieux, vos émeraudes et tout ce que vous aimez le plus ; vous sauverez aussi le sacerdoce, vous cacherez votre roi et le ferez entrer dans le sanctuaire du temple du sabéisme, dans la nuit seulement (2) ; finalement ; vous trouverez un refuge dans toutes les catastrophes et les calamités qui pourraient vous survenir, troubler votre tranquillité, nuire à vos opérations commerciales, lesquelles touchent de très-près les nôtres, par suite de ce traité.

Ligne 13e. Et vous achèterez de vos alliés toutes les choses importantes, car ceci est la base principale du traité d'alliance ; tels que les instruments nécessaires aux travaux publics, les machines de guerre, les matières premières servant aux objets de fonte, de sculpture, d'ustensiles et de vases ; enfin, tous les éléments nécessaires aux arts, aux sciences, aux métiers.

Ligne 14e. Et vous permettrez aux voyageurs du pays d'Aram (3) de voyager chez vous, cela avec franchise et sincérité, d'après la foi que vous nous avez promise devant *baal*, car ils ont témoigné de l'attachement pour vous.

Ligne 15e. Car nous sommes généreux envers vous, nous apprécions l'alliance que nous avons conclue avec vous, et pour la maintenir inaltérable, nous vous ordonnons de bâtir dans votre capitale une forteresse anguleuse, à nos frais, elle sera notre possession, en elle nous placerons un chef de notre nation, le voilà ; cet intendant se tourne vers eux (les Marseillais), et dit : Je serai votre protecteur, le soutien de vos malheurs, et la forteresse fera trembler de près et de loin l'orgueil de Balhanasar, cette forteresse épouvantera vos ennemis ; à vous, elle vous imposera des égards à suivre, des attentions à garder.

Ligne 16e. Vous serez affables et complaisants envers eux (les voyageurs), traiter ceux qui ont peur du danger et de la mort, avoir soin des souffrants et des malades, nourrir les affamés, pourvoir ceux qui seraient dans le besoin.

Ligne 17e. Voici l'autel, vous entendez déjà le mugissement innocent de cent animaux domestiques prêts à être sacrifiés comme victimes, et cela, pour suivre les commandements de l'édit, et pour pouvoir le divulguer à l'univers sans crainte.

Ligne 18e. Achevez donc le pacte, jetez-vous, ô frères, ô amis, avec vos lances sur eux (les taureaux), déchirez leurs flancs et faites couler leur sang devant Nergal et Tanat, les dieux forts.

(1) Les Galates, Gadala, pluriel Gadalham.

(2) Il n'y avait que le chef pontife qui pût entrer dans le sanctuaire. Cela se pratiquait même chez les Hébreux dans le temple de Jérusalem.

(3) La Syrie, d'après les Hébreux.

Ligne 19e. Les dieux vous sont favorables pour consommer l'holocauste, *Baal*, Bélus l'inventeur, et *Molkom* (1) vous attendent, les magiciens (2) sont prêts et présents.

Ligne 20e. Ainsi, soutenez loyalement pendant l'espace de cent ans la pierre de Bahath (3), qui vous a été laissée par le peuple de Cartahadeth.

Ligne 21e. Et avec l'approbation unanime du sénat, la volonté générale des pères, des mères, des frères, l'alliance fut contractée avec le consentement universel, pour l'espace de cent ans, se glorifiant tous d'être les alliés des Carthaginois.

N° III

CORRESPONDANCE OFFICIELLE

ENTRE M. LE MAIRE DE MARSEILLE ET M. FEAUTRIER, ARCHIVISTE DE LA VILLE.

1

Copie de la lettre écrite le 12 juin 1845 à M. le maire de Marseille, par M. Feautrier, archiviste de la ville, ancien conservateur du cabinet des médailles et antiques.

Cette copie, qui m'a été communiquée par M. Feautrier lui-même en 1854, ne se trouve pas dans le *Registre de correspondance du maire de Marseille*, du 20 août 1844 au 13 mars 1846, le dernier entré aux archives de la ville.

Monsieur le Maire,

Je viens de découvrir, rue Duprat, n° 17, deux pierres antiques qui ont été trouvées, dit-on, dans l'ancien cimetière de la Major, et qui me paraissent fort curieuses. L'une des deux se trouve malheureusement mutilée; mais l'autre est dans un parfait état de conservation. Elles sont chargées d'une inscription en caractères phéniciens.

(1) Moloch.
(2) Les Mages ou Prêtres.
(3) Behath, en hébreu, porphyre, pierre dure, et allégoriquement, pierre précieuse de Baheth. Mbeheth, surpris, émerveillé, surprendre.

    PIÈCES JUSTIFICATIVES.

Les inscriptions phéniciennes sont très-rares, même en Orient. Celles que j'ai l'honneur de vous signaler sont, peut-être, les seules qui se trouvent en France. Les seuls monuments archéologiques qui nous ont transmis la forme des caractères phéniciens, sont les médailles carthaginoises frappées en Sicile. Mionnet a recueilli les diverses légendes phéniciennes que portent les médailles, et a publié un alphabet de cette langue dans son grand ouvrage sur la numismatique.

La place naturelle de ces deux morceaux d'archéologie me paraissant être au musée de la ville, je crois devoir, Monsieur le maire, dans l'intérêt de la science, vous proposer d'en faire l'acquisition. La personne qui les possède a des prétentions bien modestes : elle les céderait pour dix francs. Avec cette modique somme vous enrichiriez notre musée d'un monument unique dans nos contrées, et qui peut être précieux pour la science.

J'ai l'honneur d'être, etc.

Signé : FEAUTRIER.

Copie de la réponse écrite le 13 juin 1845 par M. le maire de Marseille à M. Feautrier, archiviste de la ville.

Cette copie se trouve, sous le n° 798, dans le *Registre de correspondance du maire de Marseille,* du 20 août 1844 au 13 mars 1846.

Monsieur,

J'adopte volontiers la proposition que vous me faites d'acquérir, au prix de dix francs, pour le compte de la ville, deux pierres antiques qui ont été trouvées dans l'ancien cimetière de la Major.

Ces pierres devant être placées au musée, je vous prie d'inviter M. le directeur de cet établissement à s'entendre avec le chef du bureau des finances de la mairie, pour les pièces à produire, afin de pouvoir en effectuer le paiement.

Agréez, etc.

L'adjoint remplissant en absence les fonctions
du maire de Marseille,

Signé : M. MASSOT.

3

Copie de la lettre écrite à M. Aubert, Directeur du musée, par M. Feautrier, archiviste de la ville, le 15 juin 1845.

Monsieur,

J'ai l'honneur de vous informer que, sur ma proposition, M. le Maire vient d'autoriser, au prix de dix francs, l'acquisition de deux pierres antiques qui ont été trouvées, dit-on, dans l'ancien cimetière de la Major, et qui m'ont paru fort curieuses. L'une des deux se trouve malheureusement mutilée; mais l'autre est dans un parfait état de conservation. Elles sont chargées l'une et l'autre d'une inscription en caractères phéniciens. Les inscriptions phéniciennes sont très-rares, même en Orient; celles que portent ces deux pierres sont, peut-être, les seules qui existent dans nos contrées. Les lettres qui les composent ont la même forme que celles que l'on trouve sur les médailles carthaginoises frappées en Sicile. Mionnet a recueilli diverses légendes phéniciennes que portent les médailles, et a publié un alphabet de cette langue antique, dans son grand ouvrage sur la numismatique grecque.

Ces pierres devant être placées au musée de la ville, M. le maire me charge de vous prier de vous entendre avec le chef du bureau des finances de la mairie, pour les pièces à produire, afin de pouvoir en effectuer le paiement.

Agréez, etc.

Signé : FEAUTRIER.

4

Copie de la lettre écrite, le 25 juin 1845, à M. le maire de Marseille, par M. Feautrier, archiviste de la ville.

Monsieur le Maire,

Par ma lettre du 12 juin dernier, j'ai eu l'honneur de vous proposer, au prix de dix francs, l'acquisition de deux pierres antiques contenant une inscription phénicienne, et vous avez bien voulu accueillir cette proposition.

Une difficulté à laquelle j'étais loin de m'attendre a surgi, lorsque j'ai voulu faire retirer ces deux pierres. L'un des propriétaires, qui était absent lorsqu'elles me furent promises pour dix francs, a prétendu qu'elles valaient beaucoup plus, et s'est refusé à les livrer. Surpris d'une pareille prétention, j'ai cru devoir réclamer la médiation de M. Crotte, commissaire de police, qui, pour terminer le différend, a offert de porter à vingt francs le prix des deux pierres, ce qui a été accepté par le propriétaire.

Je ne puis que me référer à ma lettre du 12 de ce mois pour l'intérêt que ces antiques me semblent offrir, et je pense qu'il y a lieu d'approuver l'offre faite par M. Crotte.

J'ai l'honneur, etc.

Signé : FEAUTRIER.

N° IV

Lettre adressée à l'auteur par M. Charles Texier, membre correspondant de l'Institut.

Paris, 10 mai 1867.

Monsieur l'Abbé,

Le lendemain du jour où j'ai eu l'honneur de vous voir, j'ai été obligé de partir pour Londres et je n'ai pas pu vous envoyer la petite note que voici.

En septembre 1845, je visitais le Musée de Marseille en compagnie d'un gardien. J'aperçus sur la tablette d'une fenêtre une pierre dont la face reposait sur la fenêtre et qui ne représentait au revers qu'une apparence fruste ; elle n'avait pas tout à fait 10 centimètres d'épaisseur, elle était brisée en deux morceaux. L'idée me vint de soulever cette pierre, et j'aperçus sur la face une inscription que je reconnus immédiatement pour des caractères phéniciens. J'ai demandé au gardien d'où provenait cette pierre, à laquelle on ne paraissait pas attacher de l'importance ; il me répondit qu'elle avait été trouvée par des maçons dans les démolitions d'une maison du vieux quartier, non loin de la maison dite « Milon. Cette pierre avait été apportée par eux au Musée, et on l'avait achetée deux ou trois écus. Cela se passait quelques mois avant mon arrivée, depuis ce temps la pierre était restée déposée où je l'avais vue.

Comprenant toute l'importance de cette trouvaille, j'invitai le gardien à

appeler le Directeur du Musée, qui arriva peu de temps après. Je lui fis connaître que ce monument contenait une inscription phénicienne, la plus longue
qu'on eût encore découverte, et je le priai de mettre cette pierre à l'abri de
tout accident.

Je pris deux calques de l'inscription et j'écrivis immédiatement au Ministre
de l'Instruction publique et à l'Intendant de la liste civile pour leur faire savoir
combien il serait intéressant pour le Musée du Louvre de posséder cette inscription. Je joignis à ma lettre un des calques que j'avais pris.

Peu de temps après, l'Intendant de la liste civile me répondit à Alger qu'il
avait fait demander la pierre au maire de Marseille. L'affaire suivit son cours,
mais le Conseil municipal, dont l'attention avait été attirée sur l'importance
de cette inscription, refusa de l'envoyer à Paris.

J'avais observé que cette dalle de pierre était de la nature de celles de Cassis
des environs de Marseille, et que, par conséquent, le monument auquel elle
avait appartenu, était bien un monument indigène de la colonie de Marseille,
et non une pierre apportée de loin, soit comme lest de navire, comme cela
arrive quelquefois, soit par toute autre cause.

J'avais emporté l'autre calque à Alger, et un jour, causant avec le Procureur du Roi, ce magistrat me dit : J'ai dans mes bureaux un interprète nommé
Nicoly Limbery, qui est un israélite fait musulman, et qui prétend connaître, au
moyen de l'hébreu, la langue phénicienne : si vous voulez, je vous l'enverrai.
Je lui remis l'inscription dont, quelque temps après, il m'apporta une prétendue traduction, en me priant de la faire publier. J'acceptai sa proposition,
en lui faisant observer que c'était sur sa propre responsabilité, et qu'il s'attirerait des critiques sans fin si la version était infidèle. La brochure fut publiée
en 1846, chez Bastide. Je crois, Monsieur l'Abbé, que vous la connaissez.
Depuis ce temps, l'attention du monde savant fut appelée sur cette inscription;
le roi de Danemark en fit prendre un plâtre, et elle demeure encastrée dans
une muraille du Musée de Marseille.

Agréez, Monsieur l'Abbé, l'assurance de mes sentiments affectueux et dévoués.

CH. TEXIER.

N° V

Copie de la lettre adressée par M. Ch. Texier à monsieur le Ministre de l'Instruction publique.

7

A Monsieur le Ministre de l'Instruction publique.

Marseille, le 25 septembre 1845.

Monsieur le Ministre,

A mon passage à Marseille, en me rendant en Algérie, j'ai visité le Musée de cette ville, qui renferme quelques monuments intéressants apportés, pour la plupart, d'outre-mer par les navires qui font le commerce d'Orient. Un grand nombre de ces monuments ne sont pas classés et sont déposés pêle-mêle dans un magasin. Au milieu de ces débris j'ai remarqué une dalle brisée en deux morceaux ayant environ 60 centimètres de long sur 40 de large, et 8 centimètres d'épaisseur. Elle était couchée sur la face, et c'est le plus grand hasard du monde qui me porta à la retourner. Pendant cette opération, le gardien qui m'accompagnait me disait : « Ceci n'est rien : c'est une pierre qu'on a trouvée dans les fouilles d'une maison et que les maçons ont apportée ici. » Mon étonnement fut grand lorsque je remarquai que la face était couverte de caractères phéniciens, et de la belle époque de la civilisation phénicienne.

Cette inscription se compose de vingt et une lignes, formant environ un millier de caractères, c'est-à-dire la plus grande inscription phénicienne qui soit parvenue jusqu'à nous. La pierre est un calcaire compacte, et les caractères sont gravés avec le plus grand soin et d'une conservation parfaite, ce qui peut être utile à ceux qui s'occupent de l'étude de cette langue encore si peu connue.

Malheureusement cette pierre n'est pas complétement intacte ; toute la partie à gauche est rompue, de sorte que quelques lignes ne sont pas complètes ; de plus, elle est brisée en deux morceaux, mais qui se rajustent facilement, sauf quelques éclats de peu d'importance. Le gardien n'a pu me dire depuis combien de temps cette pierre est au Musée, mais elle a été trouvée dans les fondations d'une maison du vieux quartier. C'est donc certainement un monument marseillais qu'un hasard heureux a sauvé de la destruction. Je fis immédiatement appeler le directeur du Musée et le priai de faire mettre en sûreté ce monument que je considère comme une des plus précieuses reliques du Musée.

Je pense, Monsieur le Ministre, que cette inscription n'offrant rien d'intéressant à la curiosité des visiteurs, mais étant, au contraire, d'une importance extrême pour l'étude de la langue phénicienne, serait beaucoup mieux placée à la Bibliothèque Royale ou dans le Musée du Louvre, où les savants pourraient la consulter plus facilement. J'ai l'honneur de vous proposer soit d'écrire à M. l'Intendant de la liste civile, afin d'acquérir ce monument pour

le Musée du Louvre, soit de prendre des mesures émanant de votre département, pour le faire déposer à la Bibliothèque Royale.

Agréez, Monsieur le Ministre, etc.

Signé : CHARLES TEXIER.

Inspecteur général des bâtiments civils de l'Algérie.

N° VI

Lettre adressée à l'auteur par M. Charles Lespès, *professeur de minéralogie
à la Faculté des Sciences de la ville de Marseille.*

Marseille, 9 décembre 1867.

Monsieur et honoré collègue,

J'aurais voulu pouvoir répondre d'une manière catégorique à votre lettre
du 30 novembre, mais jusqu'ici je n'ai pu réunir les documents suffisants pour
le faire. Je viens donc vous prier de ne pas me juger par le long retard que je
vous fais subir. Je suis sous le coup de préoccupations très-sérieuses, j'ai à
peine le temps de préparer mes leçons et j'espère que vous serez assez bon
pour attendre encore quelques jours.

La Provence est un pays singulièrement tourmenté au point de vue géologique : la même couche apparaît dans une foule de points, et, pour me borner
à ce que l'on nomme ici *pierre de Cassis*, il est impossible de déterminer le
point exact d'où elle vient. La colline de Notre-Dame-de-La-Garde appartient
au même niveau géologique, ainsi que le plus grand nombre de ces collines
blanches et arides qui bornent notre horizon vers le sud-est, mais il est probable que c'est à un niveau différent qu'on a exploité la pierre dont vous me
parlez.

En sollicitant de nouveau votre indulgence, je vous prie, Monsieur et honoré
collègue, d'agréer l'expression de mes sentiments respectueux.

CH. LESPÈS,

N° VII

Autre lettre de M. Ch. Lespès adressée à l'auteur.

Marseille, 19 décembre 1867.

Monsieur et honoré collègue,

J'ai examiné avec soin la pierre qui porte l'inscription phénicienne de notre Musée. Ce n'est pas de la pierre de Cassis, ni rien qui lui ressemble ; elle ne m'a présenté aucune trace de fossiles, et cette dernière en est criblée. Le grain est aussi très-différent.

C'est un calcaire dolomitique très-fin et probablement fort dur. Nous avons des dolomies près de Marseille, en particulier, à l'ouverture du tunnel de la Nerthe, où elles forment des rochers très-pittoresques, mais leur grain et leur couleur sont tout autres, et je ne connais, dans nos environs, rien qui ressemble assez à cette pierre pour pouvoir baser une probabilité sur son origine.

Il y a, dans le Var, des calcaires dolomitiques qui ont une ressemblance moins éloignée avec cette pierre, mais ils sont caverneux et ne pourraient fournir une dalle aussi grande. Je ne puis donc émettre la moindre hypothèse sur le point où elle a été exploitée.

Je vous prie, Monsieur et honoré collègue, d'agréer l'expression de mes sentiments respectueux.

CH. LESPÈS.

N° VIII

Réponse de M. G. Grinda, architecte des Lieux-Saints de Provence, à une lettre adressée à lui par l'auteur de ce Mémoire.

Marseille, le 13 décembre 1867.

Monsieur l'Abbé,

J'ai reçu en son temps votre lettre du 30 novembre, par laquelle vous me demandez la nature de la pierre portant l'inscription phénicienne du musée de Marseille.

Je vous avouerai, en toute simplicité, que mes connaissances géologiques n'étant pas assez approfondies pour trancher une question aussi difficile et aussi importante, j'ai dû recourir à des amis connaissant parfaitement les terrains de la Provence, et principalement à M. Georges Le Mesle, savant géologue, qui a fait des recherches très-sérieuses sur tous ces terrains.

Je lui ai communiqué la lettre que vous m'avez fait l'honneur de m'adresser, et nous sommes allés ensemble au musée.

Il nous a été bien difficile à première vue de nous rendre compte de la nature de cette pierre; sa ressemblance avec les calcaires oxfordiens de Septèmes nous a un moment embarrassés. Nous décidâmes alors d'en parler à M. Coste, géologue dont la connaissance approfondie de nos terrains devait nous être d'un grand secours.

M. Le Mesle se chargea de le voir. Aujourd'hui, je reçois de lui une lettre me disant qu'il avait vu M. Coste.... Tenez, plutôt, Monsieur l'abbé, je vous envoie sa lettre, que vous trouverez dans cette enveloppe. Elle vous dira, mieux que je ne pourrais le faire, la nature et le caractère de cette pierre.

Je vous prie de m'excuser si j'ai mis du retard à répondre à votre lettre; je tenais à vous donner des indications certaines et à avoir l'opinion de deux géologues dont les travaux sérieux devaient être d'un grand poids dans une question aussi importante.

Je suis avec un profond respect, Monsieur l'abbé,

Votre très-humble et très-obéissant serviteur,

G. GRINDA, architecte.

N° IX

Lettre adressée à M. G. Grinda par M. Georges Le Mesle au sujet de la nature de la pierre phénicienne du Musée de Marseille.

Marseille, 12 décembre 1867.

Mon cher Monsieur,

J'ai eu la bonne chance de rencontrer M. Coste et de pouvoir l'amener avec moi, etudier, au point de vue pétrologique, l'inscription phénicienne du musée de Marseille : sa connaissance approfondie des terrains de la localité devait m'être d'un puissant secours.

La dalle sur laquelle se trouve ce curieux monument épigraphique est en *calcaire siliceux, gris-brun, compacte, à gros grains, à cassure subconchoïde.* Dès l'abord, et au premier aspect, j'avais cru que cette pierre avait quelques rapports avec le calcaire oxfordien de Septèmes; une comparaison soigneuse avec plusieurs échantillons nous a fait renoncer à cette opinion : le calcaire de Septèmes est constamment plus fin, sa cassure différente.

Quant au calcaire à chama (aptien) (pierre de Cassis), il ne lui ressemble en rien.

Somme toute, nous ne voyons rien d'approchant dans la localité; nous pensons que c'est un calcaire jurassique dolomitique, et il est bien probable que cette table de loi, ou plutôt de réglementation, a été apportée, il y en a de nombreux exemples, directement de la Métropole; sa sanction devenait ainsi beaucoup plus grande. Mais je m'écarte de la question qui m'est posée pour en aborder une autre qui sera traitée d'une manière bien plus compétente par le savant abbé Bargès.

Agréez, mon cher Monsieur et ami, l'assurance de mes sentiments tout dévoués.

Georges Le Mesle.

P. S. M. Louis Lartet a visité la Phénicie au point de vue géologique; son avis pourrait être de quelque poids dans la question.

N° X

Lettre de l'auteur à M. G. Grinda, architecte des Lieux-Saints de Provence.

Paris, le 19 décembre 1867.

Mon cher Monsieur,

J'ai reçu ces jours derniers votre réponse à la lettre que j'avais eu l'honneur de vous adresser vers la fin du mois dernier. Je vous suis, on ne peut plus reconnaissant des démarches que vous avez bien voulu faire, pour obtenir les renseignements désirés par moi, et de tout le dérangement qu'elles ont dû vous causer. Ces renseignements précieux, qui ne me laissent plus aucun doute sur la provenance de la pierre phénicienne, seront consignés avec votre lettre dans le travail que je prépare et où je me ferai un devoir de remercier publiquement les savants qui ont daigné me les fournir. Si M. Louis Lartet, qui a visité la Phénicie, voulait bien, de son côté, me donner aussi son avis, je lui en serais également très-reconnaissant.

. Veuillez, cher Monsieur, agréer, avec mes sentiments de gratitude, l'assurance de ma considération la plus distinguée.

L'abbé BARGÈS, professeur d'hébreu à la Sorbonne.

N° XI

Lettre de M. l'abbé Albanès en réponse à l'auteur de ce Mémoire, qui l'avait prié de prendre de nouveaux renseignements touchant la découverte de l'inscription phénicienne de Marseille.

Marseille, le 4 mai 1867.

Très-cher Monsieur,

Je vous suis reconnaissant d'avoir pensé à moi pour les renseignements que vous désiriez avoir sur l'inscription phénicienne. Vous savez assez que je suis entièrement à votre service. Malheureusement, vous n'aurez pas dans cette circonstance les éclaircissements que vous voudriez, car tout semble conspirer pour rendre impossible la constatation de l'endroit précis où la pierre a été trouvée. La mort de MM. Lautard, Feautrier, Bosq, etc., a enlevé les témoins qui ont figuré dans la découverte, et je ne sais vraiment où trouver quelqu'un qui puisse les suppléer. Voici ce que j'ai fait pour seconder vos désirs.

Je suis allé sur place, et je me suis convaincu de nouveau que la rue Duprat a disparu en entier; car si le nom y est encore, il n'en reste plus qu'une maison. Mais de la partie haute, où se trouvait le n° 17, il n'y en a plus de traces. La rue Négrel a disparu aussi quant à sa partie haute. J'ai consulté quelques personnes qui y demeurent; mais, outre la distance qu'il y a entre les maisons actuelles de la rue Négrel et le n° 17 de la rue Duprat, les 22 ans écoulés depuis 1845 sont un laps de temps trop grand, pour que les personnes qui auraient peut-être pu savoir quelque chose, se retrouvent là. Les personnes que j'ai interrogées, ne peuvent rien me dire, et elles n'habitent pas cette rue depuis une époque aussi éloignée.

Je suis allé à la mairie voir M. Bouillon-Landais, espérant qu'il pourrait y avoir quelque chose aux archives sur cet objet. Je n'ai rien pu en tirer, quoique M. Landais soit très au courant et très-complaisant. Il m'a assuré ne rien connaître du tout là-dessus. Par une circonstance heureuse, son fils est conservateur du musée de peinture, et j'ai eu un moment la pensée qu'il pouvait avoir recueilli quelques papiers, quelques notes concernant l'ancien musée où les tableaux et les objets d'art ne formaient qu'un seul. J'ai reçu encore l'assurance qu'il n'avait rien.

J'ai tourné alors mes idées du côté de l'abbé Dassy, chez qui j'ai pu croire un moment que je retrouverais les notes de son frère, qui était conservateur du musée au moment où la pierre phénicienne y entra. Mais il paraît encore que celui-ci ne tenait pas de notes, et qu'il dut se contenter de recevoir l'inscription qu'on lui apporta, sans s'inquiéter d'en constater la provenance et l'histoire. L'abbé Dassy, vérification faite, m'a affirmé qu'il n'avait rien trouvé, et pour me renseigner un peu, m'a fait voir, à ma seconde visite, vos deux brochures, que je connaissais fort bien, et « où je pourrais trouver, disait-il, ce que je cherchais. »

Ces diverses démarches m'ont pris plusieurs jours, de sorte que j'ai dû différer ma réponse. Maintenant, je vous avoue que je ne sais plus de quel côté me tourner. Je pourrais bien chercher à voir M. Penon, conservateur des antiques; mais il demeure à Montredon, et, d'ailleurs, j'ai la certitude qu'il ne sait rien. Je vous écris donc aujourd'hui pour vous communiquer ce résultat négatif de mes recherches.

Votre affectionné serviteur,

L'abbé J.-H. ALBANÈS.

N° XII

Autre lettre de M. l'abbé Albanès adressée à l'auteur sur le même sujet.

Marseille, le 18 mai 1867.

Mon cher Monsieur,

J'ai fait ce que j'ai pu pour vous procurer les renseignements que vous me demandez dans votre lettre du 9 courant. Je suis loin d'avoir à vous envoyer ce que vous attendez; mais au moins je puis vous fournir une pièce de plus, une de celles que vous m'indiquez.

J'ai eu entre les mains, grâce à M. Bouillon-Landais, le *Registre de correspondance* du maire de Marseille, du 20 août 1844 au 13 mars 1846. C'est le dernier qui soit entré aux archives, et, en le parcourant attentivement d'un bout à l'autre, j'ai eu la certitude qu'il ne s'y trouve aucune pièce ayant rapport à l'inscription phénicienne, si ce n'est les deux lettres suivantes.

D'abord la lettre du maire à M. Feautrier, qui est, je crois, dans le rapport de M. P.-J. Bosq, et que je vous transcris pourtant, afin que vous puissiez la citer d'après la source officielle.

« N° 798. A M. Feautrier, chef du bureau des archives de la mairie de Mar- « seille.

« 13 juin 1845.

« J'adopte volontiers la proposition que vous me faites d'acquérir au prix « de dix francs, etc. » — (Cette lettre a été reproduite ci-dessus, parmi les pièces justificatives, sous le n° II, page 44.)

Il n'y a point de signature.

Voici maintenant la lettre du maire à M. Ch. Texier.

« N° 1231. A M. Ch. Texier, Inspecteur général des bâtiments civils de l'Al- « gérie, à Alger.

« 11 novembre 1845.

« Vous m'avez fait l'honneur de m'écrire, le 4 de ce mois, relativement à « un monument phénicien déposé dans le musée de Marseille, et qui vous a « paru digne d'intérêt. Vous m'avez en même temps communiqué deux let- « tres qui vous ont été adressées par M. le Ministre de l'Instruction publique « et M. l'Intendant général de la liste civile (1), par suite de l'envoi que vous « aviez fait à S. E. M. le Ministre du calque de l'inscription gravée sur le mo- « nument.

« La communication de ces diverses pièces m'a convaincu, Monsieur, qu'il « a existé un malentendu entre vous et M. l'Intendant général de la liste ci- « vile. Comme vous le faites observer vous-même, le monument dont il s'agit « est la propriété de la ville, et le conseil municipal a seul le droit d'en dis- « poser. En l'état, je n'ai pas même à le consulter, puisque je n'ai reçu de « proposition ni de M. l'Intendant général de la liste civile, ni de M. le Mi- « nistre de l'Instruction publique.

« J'ai l'honneur de vous renvoyer, suivant votre désir, les deux pièces qui « étaient jointes à votre lettre. »

(1) Malgré toutes les recherches qui ont été faites, soit dans les papiers de M. Ch. Texier, soit aux archives des ministères, où l'on pensait qu'elles avaient été déposées, ces deux lettres n'ont pu être retrouvées.

8

Point de signature. — Les dernières lignes démontrent qu'on chercherait vainement ici les lettres du Ministre et de l'Intendant, qui ont été renvoyées à M. Texier. Ce n'est que de lui, ou du point de départ, que vous pourrez les avoir. La lettre de M. Texier a dû être gardée ici ; mais qui sait où elle est? M. Landais m'assure que les lettres reçues, de cette époque, ne sont pas entrées aux archives, supposé qu'elles existent.

D'un autre côté, il ne m'a pas été possible de retrouver l'entrepreneur Saurin et le propriétaire Gazel. Les maisons habitées par ces personnes ayant été détruites, ainsi que celles qui les avoisinaient, il n'y a pas moyen d'obtenir des renseignements sur leur compte. Le hasard seul pourra mettre sur la voie.

Veuillez excuser les maigres résultats obtenus par moi ; je vous adresse sans plus de retard ce peu de renseignements, vous priant de recevoir en même temps l'assurance des sentiments les plus sincères

De votre tout-dévoué serviteur,

L'abbé J.-H. ALBANÈS.

———

N° XIII

Traduction de la première partie de l'inscription, publiée par M. F. de Saulcy dans la *Revue des Deux Mondes* (15 décembre 1846).

1. ..... (Khallas) baal? le Suffète, fils de Bedtanit, fils de Bed.....

2. Le Suffète, fils de Bedaschmoun, fils de Khallasbaal et......

3. Pour un bœuf, sacrifice prescrit ou d'actions de grâces ; ce sacrifice vaudra aux prêtres 10 sicles d'argent pour chacun. La victime sera payée en sus de cette redevance.......

4. Et selon les préceptes, elle (la chair) sera dépecée et brûlée ; la peau, les intestins, les pieds et les restes de la chair reviendront au maître du sacrifice.

5. Pour un veau *auquel les cornes ne sont pas encore poussées, mais auquel elles pousseraient?* ou pour un cerf (ou une biche), sacrifice prescrit ou d'actions de grâces, ce sacrifice vaudra aux prêtres 5 sicles d'argent pour chacun...... La victime sera payée en sus

6. de cette redevance ; (on prendra) de la chair 150 miscal (c'est un poids usuel) ; elle sera dépecée et brûlée ; la peau, les intestins, les pieds et les restes de la chair reviendront au maître de la victime.

7. Pour un bélier ou pour une chèvre, sacrifice prescrit ou d'actions de grâces; ce sacrifice vaudra 1 sicle d'argent *étranger?* pour chacun..... et, selon les préceptes, elle sera dépecée

8. et brûlée; la peau, les pieds et les restes de la chair reviendront au maître de la victime.

9. Pour un agneau ou un chevreau, ou *en temps de calamité?* pour un bélier, sacrifice prescrit ou d'actions de grâces, ce sacrifice vaudra aux prêtres 3/4 de sicle *étranger?* pour chacun.... La victime sera payée en sus....

10. . . . .

11. . . . .

12. . . . .

13. . . . .

14. . . . .

15. Pour tout sacrifice qu'offrira un pauvre, soit d'une bête de troupeau, soit d'un bouc (ou d'un oiseau), il n'y aura rien pour les prêtres.